KB196585

사이코드라마

윤소희 장편심리소설

Psychodrama

학지사

당신이 보는 모든 것은
그림자를 만든다.

사이코드라마

1936년 모레노(J. L. Moreno, 1889~1974)가 제안한 기법. 갈등 상황을 단순히 말로 설명하는 것이 아니라 연기로 표현함으로써 자신이 갖고 있는 문제의 심리적 차원을 탐구한다. 자신의 현실, 좌절당한 상황, 소망 등 자신이 직면하고 있는 문제를 연기로 표현하는 과정을 통해 내재된 자신의 감정, 무의식적 충동 등을 깨닫게 되고, 현재 문제와 관련된 환상이나 기억을 찾아낸다. 이렇게 함으로써 현재 문제를 해결하기 위한 여러 가지 대안을 모색하고, 보다 건강한 방식으로 적응해 나간다.*

* 김춘경, 이수연, 이윤주, 정종진, 최웅용(2016). 상담학 사전.

추천의 글

나는 허구를 좋아하지 않는다. 허구는 현실 앞에서 무력하기 때문이다. 그래서 소설 같은 허구적인 이야기는 좋아하지 않는다. 내 앞에 생생하게 살아 숨 쉬고 있는 사람의 진실한 인생 이야기를 좋아한다. 인간과 인생을 통합적으로 이해하는 최선의 방법은 심리학이라는 학문의 실증적 접근이라고 생각한다. 이와 더불어 심리상담을 통해서 이 시대를 살아가는 사람들의 생생한 삶과 깊은 속마음을 나누는 일이라고 생각한다. 심리학 지식으로 뼈대를 세우고 심리상담의 인생 이야기로 탄력 있는 살을 붙이고 뜨거운 피가 돌게 함으로써 한 인간의 전체 모습을 가장 온전하게 재현할 수 있다고 믿는다.

심리학자로서 학문적 글쓰기를 해 오면서 마음 한편으로는 소설을 쓰고 싶다는 열망이 있었다. 학문적 글쓰기는 엑스레이처럼 인간 심리의 골격을 설명하는 일과 같아서 인간과 인생을 생동감 있게 구체적으로 묘사하기 어렵다. 인간의 마음에서 일어나는 미묘하면서도 강렬한 흐름을 묘사하는 심리소설을 쓰고 싶었다. 특히 심리상담 장면에서 공유했던 내담자들의 비극적인 삶을 소설 형식으로 허구를 가미하여 표현하고 싶었다. 심리상담자는 내담자의 사적인 이야기를 혼자만의 비밀로 안고 무덤까지 가야 하기 때문이다. 내담자를 고통과 불행으로 몰아가는 비극적인 사건들의 얽힘과 그로부터 벗어나는 치유적 과정을 묘사하면서 사이사이 심리학 지식을 소개함으로써 독자들이 좀 더 넓고 깊은 안목으로 인생을 바라볼 수 있도록 안내하고 싶었다. 문학과 심리학을 접목하여 독자들이 소설의 재미와 감동을 맛보며 심리학 공부까지 할 수 있는 그런 심리소설을 쓰고 싶었다.

소설은 술술 읽히듯이 쉽게 쓸 수 있을 것으로 생각했다. 그러나 습작 과정에서 소설이 학술서보다 훨씬 더 쓰기 어렵다는 것을 절감했다. 송충이는 소나무에서 솔잎을 먹고 살아야 한다고 여기며, 소설 쓰기를 단념했다. 소설을 쓰려는 열망을 접는 대신 누군가 그런 소설을 써 주면 좋겠다는 소망을 갖게 되었다. 『사이코드라마』는 내가 쓰기를 열망했고 누군가 써 주기를 소망했던 그런 유형의 소설에 가장 근접하는 심리소설이다. 『사이코드라마』는 대학 교수인 남성 상담자와 여대생 내담자 사이에서 벌어지는 심리적 역동을 품격 있는 언어로 섬세하게 묘사하면서 매우 묵직한 심리적 주제를 다루고 있다.

이 소설을 쓴 윤소희 작가는 나와 특별한 인연이 있다. 30년 전 신임 교수로 부임한 나의 첫 전공 강의를 수강했던 학생일 뿐만 아니라 나에게 상담을 받았던 여러 학생 내담자 중 한 명이다. 젊은 교수에 대한 호기심과 누군가에게 고민을 털어놓고 싶은 마음이 뒤섞

여서 상담을 신청하는 심리학과 학생이 여러 명 있었다. 윤 작가는 2년여에 걸쳐 깊은 이야기를 나누었던 기억에 남는 학생이었다. 윤 작가는 졸업 후 사회로 진출하고 오랜 기간 외국에서 생활했기 때문에 어떤 삶을 살고 있는지 소식을 접할 수 없었다. 나의 기억에 20대의 여대생으로 남아 있던 그녀가 30년 만에 중년의 작가가 되어 나타났다. 내가 열망하고 소망했던 그런 소설의 원고를 가지고.

『사이코드라마』는 소설적 재미와 미학적 완결성을 갖춘 문학작품인 동시에 인간의 마음을 이해하도록 돕는 학술적 지식을 소개하는 심리학 서적이기도 하다. 우리의 삶은 저마다 우여곡절과 파란만장한 줄거리를 품은 채, 다채로운 장면이 펼쳐지는 사이코드라마인지 모른다. 『사이코드라마』는 인간의 내면세계에서 펼쳐지는 드라마를 치밀한 구성과 섬세한 언어로 그려 내고 있어 깊은 울림을 주는 심리소설의 명작이다. 앞으로 문학과 심리학을 접목한 심리소설이 좀 더 풍성하게 발표되기를 기대한다. 벌써부터 윤소희 작가의 다음 작품이 기다려진다.

2025년
권석만
서울대학교 심리학과 명예교수

차례

사이코드라마

무대가 어두워졌다. 여섯 명의 학생이 의자에 나란히 앉아 있다. 관객석에서 볼 수 있는 건 그들의 뒷모습뿐이다. 그 중 맨 오른쪽 자리에 앉은 여학생의 긴 머리카락이 의자 등받이 위를 살짝 스치며 흘러내렸다.

"시몬과 페로."

그 여학생의 목소리는 크지 않았지만, 어딘가 익숙했다.

"네? 어떤 사진인지 좀 더 자세히 설명해 주시겠어요?"

사이코드라마를 진행하던 연출자가 다급히 질문을 던졌다. 목소리만으로도 그가 당황했음을 알 수 있었다.

"노인한테 가슴을 풀어헤치고 젖을 먹이는 여인이 그려진 그림이요. '로마의 자비'라고도 알려진 루벤스의 그림."

긴 머리 여학생은 무대 위라는 걸 의식하지 않고 또박또박 답했다.

"루벤스 그림이 가족 앨범에 끼워져 있는 이유가 있을까요?"

흥미로운 극의 소재가 되리라 판단한 연출자의 목소리는 친절했지만, 먹이를 발견한 맹수의 소리처럼 들렸다.

"어렸을 적 그 그림을 보고 큰 충격을 받았어요. 도대체 이건 무슨 상황일까? 노인에게 젖가슴을 빨리고 있는 여인의 표정에서 황홀함도 수치심이나 공포감 같은 것도 전혀 보이지 않았거든요. 근데 노인을 자세히 보니 손을 뒤로 한 채 묶여 있는 거예요. 암튼 두 사람의 표정이 강렬한 인상을 주는데, 도무지 이해는 되지 않고. 몰래 오려서 앨범에 살짝 끼워 놓았죠. 나중에 찾아보니, 그 둘이 아버지와 딸이라는 거예요. 감옥에 갇혀 굶주림에 지쳐 있는 아버지에게 줄 것이 젖밖에 없어 불어 있는 젖을 아버지 입에 물린 거라는 설명에 엄청나게 울었던 기억이 나요."

연출자가 바로 개입하지 못하고 잠시 정적이 흘렀다.

"엄마가 미대 가라고만 안 했으면 미대생이 됐을지도 모르거든요. 후훗."

예주다. 긴 머리 여학생은 내가 짐작했던 대로 예주가 맞았다. 우습지 않은 일로 웃는 건 예주의 버릇이다. 사이코드라마 공연의 성공 가능성을 감지한 연출자가 예주에게 주인공이 되어 함께 극을 꾸며도 되겠냐고 물었고, 예주는 흔쾌히 그러겠다고 했다.

무대 위에 앉아 있던 나머지 다섯 명이 관객석으로 돌아가고, 예주와 연출가만 무대 중앙에 나란히 앉았다. 관객 쪽으로 돌아앉아 조명까지 받으니, 예주의 시폰 원피스가 유난히 희게 빛났다. 받쳐입은 검은색 재킷의 소매를 살짝 접어서인지 발랄해 보였다. 검정 스타킹의 도트 프린트 때문에 예주의 길고 매끈한 다리로 시선이 끌렸다. 예주는 비주얼 자체가 관객을 끌어당기는 흡인력이 있는데다 관객에 대한 두려움도 보이지 않으니, 사이코드라마 연출자는 오늘 공연의 성공을 예감하고 있을 것이다.

호기심으로 무대 중앙을 응시하는 관객들 사이에서 나만 혼자 가슴을 졸이고 있다. 당장 무대 위로 뛰어 올라가 예주의 손목을 잡고 이곳을 나가고 싶다. 이 많은 사람들 앞에서 발가벗겨질 예주를 구해 내고 싶다. 예주가 신뢰하며 모든 것을 털어놓을 수 있는 사람은 나 하나뿐이다. 하지만 나는 죽었다 깨어나도 무대 위로 뛰어 올라갈 수 없는 종류의 인간이다. 이런 내가 이 순간만큼은 싫다.

드디어 사이코드라마 본극이 시작됐다.

사이코드라마에서는 주인공의 삶이 무대 위에서 대본 없는 연극으로 재연된다. '마치 ~인 척'하는 연기를 통해 금지되고, 고통스럽고, 정서적 상처가 되었던 경험을 안전하게 직면한다. 극을 리드하고 주인공의 문제를 해결하도록 돕는 연출자가 있고, 나머지 멤버들은 돌아가면서 '프로타(주인공)'와 보조 자아를 맡는다. 오늘은 사이코드라마의 진행 방식을 잘 모르는 프로타와 외부 관객들을 대상으로 극을 진행해야 하는 공연의 성격상 연출자가 프로타를 지목할 수밖에 없다. 연출자의 역할이 그만큼 크다. 아직 학부 학생인 연출자가 미성숙하게 진행한다면, 극이 진행되는 동안 프로타인 예주가 상처를 입을 수 있다.

극에서 예주는 어린 시절로 돌아갔다. 연출자는 예주에게 사이코드라마 회원 중 예주의 아버지와 어머니 역할을 맡아 줄 사람들을 고르게 했다. 예주는 무대에서 엄마와 계속 다투었다. 상담실에서 나와 상담할 때 보였던 엄마와의 갈등이 무대 위에서도 그대로 드러났다. 엄마 역할을 맡은 여학생이 예주가 원하는 방식으로 대화를 진행하지 못하자, 연출자가 잠시 예주와 예주 엄마의 역할을 바꾸게 했다. '역할 바꾸기'를 통해, 예주가 직접 엄마가 되어 엄마의 대사를 했다. 다시 역할을 바꾸었다. 예주 엄마 역을 맡은 학생은 예주가 보여 준 대로 예주 엄마의 역을 좀 더 실감 나게 연기했다.

예주: (짜증 난다는 듯이) 엄만 왜 맨날 아빠를 그렇게 힘들게 해?

예주 엄마: (예주를 쳐다보지도 않고) 네가 엄마 인생에 대해 뭘 안다고 그래?

예주: (갑자기 조금 주저하며 작은 목소리로) 모르긴 뭘 몰라.

연출자가 바로 끼어들었다.

"이 무대에서는 무슨 말이든 하고 싶은 말을 다 할 수 있습니다. 이 의자에 올라서 보세요. 그리고 예주 엄마는 바닥에 무릎 꿇고 앉아 주세요. 자, 다시 엄마한테 하고 싶은 말을 다 해 보세요."

예주: (엄마를 내려다보며 자신감이 생긴 듯 큰 소리로) 모르긴 뭘 몰라. 나 다 알아. 엄마가 감춰 둔 일기장 내가 다 봤단 말이야. 아빠랑 나는 엄마한테 사랑받고 싶은데, 엄마 머릿속에는 온통…….

예주가 울먹이며 말을 멈추자, 연출자가 개입했다.

"예주 양이 힘들어 보이네요. 예주 양이 엄마에게 하고 싶은 말을 다 할 수 있도록 예주 양의 분신을 세워 돕고 싶은데 괜찮겠어요? 분신이 하는 말을 듣고 예주 양 마음에 맞으면 따라 하고, 아니면 그냥 듣고 있거나 고쳐 말하면 돼요."

예주가 연출자의 말에 고개를 끄덕이자, 긴 머리 여학생 하나가 예주 옆에 나란히 의자를 놓고 예주와 똑같이 팔짱 끼고 서서 바닥에 앉은 엄마를 바라보았다. 연출자가 예주의 분신이라고 부른 예주의 '이중 자아'는 예주의 자세와 표정을 그대로 따라 한다. 예주가 깨닫지 못하고 있는 신체 움직임과 표정 그리고 자세가 의미하는 바를 예주가 거울 보듯 볼 수 있게 해 주기 위함이다. 또 예주가 꺼리거나 주저하는 내면 감정을 대신 표현해 줌으로써, 무대 위에서 엄마와의 상호작용을 자극하거나 더 원활하게 해 주는 역할을 할 것이다.

예주의 이중 자아: (엄마를 향해 큰 소리로) 아빠랑 나는 외로웠단 말이야.

예주: (조금 자신 없는 듯) 외로웠어.

예주의 이중 자아: 엄마는 아빠와 날 사랑하지 않아.

예주: (조금 커진 목소리로) 우릴 사랑하지 않아.

예주의 이중 자아: (큰 소리로) 머릿속엔 온통 딴생각뿐이고. 제발 아빠랑 나를 사랑해 달란 말이야!

예주: (엄마를 향해 손가락질하며 큰 목소리로) 온통 딴생각뿐이고. 다 엄마 때문이야. 복수할 거야.

예주의 감정이 격해졌다. 예주는 의자 위에서 발을 굴렀다. 연출자가 조금 주의 깊게 들었다면 '다 엄마 때문이야!'라는 말에서 무엇이 엄마 때문인지 파고들어 가 예주를 가장 힘들게 하는 사건을 찾아낼 수 있을 것이다. 그러면 이 많은 관객 앞에서 예주가 지속적으로 당해 온 성폭행 사실이 폭로될 것이다. 심장이 뛰는 속도가 더 빨라지고 손에 자꾸 땀이 뱄다. 나는 엉덩이를 괜히 들썩거리며 안절부절못했다.

"지금부터 이 쿠션을 엄마라 생각하고 마음껏 엄마에 대한 감정을 표출하세요. 때리거나 던져도 돼요. 아시겠지만, 이 쿠션은 진짜 엄마가 아니니까 안전해요."

연출자의 말에 관객 중 몇 사람이 웃음을 터뜨렸다. 깊이 파고들지 못한 연출자의 부족한 능력에 안도했다. 깊은 감정의 소용돌이로 들어갔던 예주가 관객의 웃음 덕분에 최면에서 깨어난 것처럼 다시 이성적으로 돌아왔다. 예주의 얼굴에 살짝 웃음이 감돌았다.

예주가 의자에서 내려오고 연출자는 예주가 서 있던 의자에 쿠션을 올려놓았다. 예주가 쿠션을 때리고 집어던지고, 바닥에 떨어진 쿠션을 발로 찼다. 이미 최면에서 빠져나온 예주는 연출자의 기대에 정확하게 부응하는 행동만을 연기했다. 지금까지 무대에서 엄마에게 던졌던 말들만 앵무새처럼 반복할 뿐, 자신과 가족에 대한 내밀한 정보를 끄집어내지 않았다. 진짜 자신의 감정에 완전히 몰입한 프로타의 모습이 아니라, 다른 사람의 모습을 흉내 내는 배우처럼 인위적으로 보였다. 다행히 연출자는 그걸 알아채지 못한 듯했다.

"예주 양, 엄마한테 그동안 표현하지 못했던 감정들을 표현해 봤는데요. 이건 실제로는 일어나지 않는 상황이에요. 지금 기분이 어때요?"

예주의 격렬했던 표현이 조금 수그러들자, 연출자가 끼어들었다.

"속이 좀 후련해진 느낌이에요."

이미 감정의 소용돌이에서 벗어난 예주는 여유를 되찾았다. 노련한 여배우 같다.

"엄마나 아빠한테 하고 싶은 말이 있나요?"

"아빠한테 얘기하고 싶어요."

예주 얼굴에 묘한 미소가 피어올랐다.

예주의 요청대로 무대는 예주가 아빠와 함께 가고 싶어 하는 바닷가라고 가정되었다. 예주 아빠로 지목된 남학생과 예주가 관객석을 보며 나란히 섰다. 예주 아빠가 예주 어깨에 팔을 둘렀다. 내 몸속의 모든 혈액이 머리로 몰렸는지 얼굴이 화끈거렸다. 손에 들고 있던 초대장이 모두 구겨졌다.

예주: (아빠 품으로 더 파고들어 살짝 고개를 기대며) 아빠.

예주 아빠: (조금 어색하고 긴장한 듯이) 예주야.

예주: 사실은 나 아빠한테 오늘 고백할 거 있는데. 나 아빠만큼 좋아하는 사람이 생겼어. 처음이야, 남자를 좋아하게 된 건…….

무대 정면 앞좌석에 앉아 있는 내게는 예주 얼굴의 솜털 하나까지 다 보였다. 내가 와 있는 걸 아는지 모르는지 태연한 표정으로 다른 쪽만 응시하던 예주의 시선이 갑자기 내 눈을 정확히 찾아 응시했다. 3초간 마주친 시선. 3초가 영원처럼 느껴졌다.

예주는 나와 시선을 마주치고도 놀라는 기색이 없었다. 2주나 상담에 나타나지 않은 것에 대해 미안한 기색도 없었다. 모든 생각과 감정을 지워 낸 듯 투명한 표정이었다. 이곳의 모든 사람이 배경으로 사라지고 잠시 예주와 나 둘만 남은 듯했다. 3초 후 예주는 다시 무대 위 제자리로 돌아갔다.

예주: (잠시 멈춘 뒤 슬픈 목소리로 또박또박하게) 근데 아빠, 이루어질 수 없는 사랑이야.

가슴이 방망이질 치기 시작했다. 예주를 바로 보지 못하고 고개를 돌렸다. 마침, 연출자가 금광이라도 발견한 듯 끼어들어 말하기 시작했다.

"예주 양이 아빠를 만나서 사랑하는 사람이 생겼다고 고백했는데, 그 사람에 대해 얘기해 줄 수 있을까요?"

"글쎄요."

잠시 뭔가를 생각하는 듯 침묵하던 예주의 입술이 다시 열렸다.

"어려서부터 줄곧 난 아무도 사랑하지 못할 거란 막연한 두려움이 있었어요. 근데 최근에 어떤 사람을 만났고, 그 만남이 문제예요. 아직 단정하긴 어렵지만…… 나이 차이도 크고……. 암튼, 사랑하면 안 돼요. 후훗."

어울리지 않는 상황에 터지는 웃음이 예주만큼 잘 어울리는 사람도 없다. 그제야 고개를 들어 예주를 바라보았다. 예주는 일부러 피하는지 계속 다른 쪽으로만 시선을 주었다.

"현실에선 절대 불가능하단 걸 알아요."

예주가 '절대'란 말에 힘주어 말하자, 가슴 한편에 동통이 느껴졌다.

"하지만 그 사람이 나를 한번 안아 주기만 하면, 제 마음을 다 추스르고 일상생활을 잘할 수 있을 것 같아요."

예주의 목소리가 살짝 떨렸다.

연출자가 본극을 마무리하고 셰어링 시간을 갖기 위해 예주를 가운데 두고 다른 사이코드라마 회원들을 반원 모양으로 빙 둘러앉게 했다. 관객석에서 손을 든 사람을 보고 연출자가 그에게 발언권을 주었다. 나는 슬그머니 일어나 밖으로 나왔다. 밖은 제법 어두웠다. 바깥 공기를 모두 마셔 버리기라도 하겠다는 듯 크게 숨을 들이쉬었다. 두근거리던 가슴이 조금 진정이 되었다.

겨우 학부생인 아마추어들 덕분에 예주는 무대에서 발가벗겨지는 위험은 피했지만, 예주의 진정한 문제는 해결되지 못했다. 연출자가 이끌었다기보다 예주가 마음대로 연출하고 리드한, 예주의 사이코드라마. 그 드라마를 통해 억압해 누르려 했던 내 안의 나와 만났고, 작고 폐쇄된 상담실 공간을 뛰어넘어 예주와 만났다. 한번 밖으로 빠져나온 이 만남을 다시 상담실 안에 잘 담을 수 있을까. 두근거리는 가슴을 주체할 수 없어 어두워진 거리를 무작정 걸었다.

〈시몬과 페로(Roman Charity)〉

작가: 피터 폴 루벤스(Peter Paul Rubens, 1577~1640)

제작 시기: 1612~1614년경

**작품 설명

이 작품은 고대 로마 전설을 바탕으로, 감동적인 가족애와 자비를 주제로 한다. 죄수로 감옥에 갇혀 굶주리는 노인 시몬에게 딸 페로가 몰래 젖을 먹여 그의 생명을 구한다는 이야기다.

루벤스는 작품을 통해 극적인 명암대비와 인물의 생생한 표정으로 비극적 상황과 인간적 유대를 강조했다. 시몬의 고통스러운 표정과 페로의 헌신적인 자세는 관람자에게 깊은 감정적 반응을 불러일으킨다.

벨라도나

벚나무와 라일락이 조금은 성급하게 꽃망울을 틔웠다. 그야말로 봄이다. 상담심리학 수업을 마치고 내 연구실로 돌아가는 길에 발걸음을 멈추고 잠시 캠퍼스를 둘러보았다. 내가 학부생이던 시절에는 캠퍼스 내 꽃들도 순서를 잘 지켜 차례대로 피고 졌다. 요즘은 4월에 피어야 할 꽃들이 벌써 성급하게 꽃망울을 틔우고, 가을에 물들어야 할 단풍나무도 일찍 붉게 물들어 버린다. 20여 년 전을 떠올려 봐야 무슨 소용인가.

열쇠가 자꾸 헛돈다. 가끔 깜박깜박하는 게 아무래도 또 연구실 문을 잠그지 않고 나왔던 모양이다. 올해 들어 이런 일의 빈도가 늘고 있다. 이제 겨우 마흔둘, 쇼펜하우어의 말을 따르자면 이미 인생의 본문이 끝났다고 할 수 있지만, 아직 한참은 더 일해야 하고, 한참은 더 살아야 하는 40대다. 40대에 들어선 이후 이렇게 갑자기 늙어 버린 느낌이 종종 엄습한다.

문을 열고 들어서는데, 시원하고 풋풋한 꽃향기가 코끝을 간질였다. 막 꽃봉오리를 피운 어린 장미 꽃잎을 따다 이슬로 희석한다면 이런 향기가 날까. 향기에 취해 걷다 걸음을 멈추었다. 누군가 있다. 책상 뒤쪽 창가에 서서 창밖을 바라보고 있다. 인기척을 내보았지만, 상대는 미동도 없다. 주인도 없는 연구실에 들어왔으면 깜짝 놀라야 할 사람은 나보다는 몰래 들어온 상대여야 하는 것 아닌가.

내 앞의 존재는 하얀 셔츠에 진바지를 입고 있다. 긴 머리를 뒤로 질끈 묶었는데, 대충 손가락으로 쓱쓱 빗어 올려 아무렇게나 묶은 것 같았다. 머리를 묶은 부분이 정중앙에 위치하지도 않은 걸 보면 성의 없이 손질한 모양이다. 용수철처럼 돌돌 말린 검은색 머리끈도 심혈을 기울여 고른 것 같지는 않았다. 그럼에도 묶인 곳에서부터 어깨 밑으로 늘어지는 머리채의 순흑빛은 어딘가 고혹적인 데가 있었다. 숱이 많아 한 줌에 잡히지도 않을 머리카락이 검은 폭포처럼 쏟아지고 있다.

뒷모습은 정직하다. 까맣게 쏟아지는 머리채가 슬퍼 보였다. 나보다 작은 키에 가녀린 몸, 특히 허리는 한 줌에 쥐어도 잡힐 것 같았다. 우리 학교 학생일까. 상대가 여자다 보니 함부로 손을 대어 몸을 돌려세울 수도 없었다. 우리 과 학생 중 저런 머리를 한 여학생이 있었나.

"'눈에는 눈, 이에는 이'란 말……."

알토 톤에 가까운 낮은 목소리에 조금 놀랐다. 가는 허리와 발목을 보며 내심 소프라노 음색을 기대했었다.

"정말 성경에 있나요?"

미동도 하지 않던 존재가 드디어 서서히 몸을 돌렸다. 검은 폭포 같은 머리채에 어울리는 까만 두 눈동자가 내 시선을 조금도 피하는 기색 없이 당당하게 마주 받아냈다. 내 쪽에서 오히려 시선을 피하고 싶었다. 하얀 피부 때문에 상대적으로 더 도드라져 보이는 눈은 유독 검은자위가 컸다.

호감 가는 상대를 바라볼 때 무의식적으로 동공이 커진다. 같은 얼굴이라도 동공이 커진 쪽의 사진에 호감을 표한다는 연구 결과도 있다. 이 미묘한 변화는 무의식중에 일어나고 거의 제어할 수 없어 진정한 감정을 보여 주는 단서가 된다. 이미 몇백 년 전 이탈리아의 고급 창녀들은 동공을 확대하기 위해 유독한 풀인 벨라도나(Belladonna)*에서 추출한 성분을 안약으로 사용했다. 과학적으로 검증되기 이전부터 경험적으로 안 것이다. 지금 이 상대의 눈동자는 뭐랄까, 모호한 데가 있다. 눈동자에서 쏟아져 나오는 빛이 강한 호감과 동시에 적대감을 드러냈다.

"우리 학교 학생인가?"

이 짧은 질문을 더듬거리며 겨우 전했다.

"후훗, 교수님 놀라셨나 봐요."

여학생은 가늘고 긴 손가락을 입가에 살짝 대고 잠깐 웃었다. 손동작이 발레리나의 춤사위 같다. 뒷모습만 보았을 때는 졸업반이거나 대학원생이 아닌가 생각했는데, 웃는 모습이 신입생처럼 앳되었다. 내 질문에 대한 답을 듣지 못하자, 손에 땀이 뱄다. 심리치료사이자 상담가로 수도 없이 많은 사람을 상대해 보았기에, 이제는 어떤 사람을 마주하든 평온한 모습으로 대화할 수 있다고 자신하고 있었다. 오랜만에 느껴지는 긴장감이 당혹스럽지만 짜릿하다.

"나한테 볼 일이 있어서 온 거라면 좀 앉지."

책상 앞 소파 쪽으로 걸어가 앉으며 말했다. 더 이상 상대에게

* 이탈리아어로 '아름다운 여인'

휘둘리기만 할 수는 없었다.

"여기서 보면 잘 보여요. 저 잔디밭…… 내가 잘 가는 덴데."

여학생은 다시 고개를 돌려 창밖을 내다보며 자기 할 말만 했다. 내가 리드해 보려고 위치까지 바꾸며 말을 던졌건만, 테니스 코트에서 상대 없이 열심히 서브만 하는 느낌이다. 헛기침을 한 번 했다.

"여긴 어떻게 들어왔지?"

단호한 목소리로 물었다.

"열려 있던데요."

뒤도 돌아보지 않고 답하는 여학생의 목소리는 여전히 무심했다. 다시 보아도 아름다운 머리다. 이목구비가 또렷하고 단정해 미인으로 볼 수 있지만, 매혹적인 흑발과 뒷모습에 비하면 얼굴은 평범한 편에 가까웠다.

"난 아직 내 연구실에 들어와 있는 자네가 누군지도 모르고, 무슨 일로 왔는지도 모르는데. 이리 와서 용건을 말하거나 아니면 당장 나가 주게."

평소 상담할 때의 목소리를 많이 회복해 차분하게 던진 문장이 말꼬리에 가서는 바람이 빠지듯 기어들어 갔다.

"교수님, 진짜 나가길 바라시는 건 아니죠? 후훗."

상대는 천천히 고개를 돌려 나를 바라보더니 재미있다는 듯 웃었다. 달아오르는 얼굴을 들키기 싫어 얼굴을 문 쪽으로 돌리는데 목소리가 다시 들렸다.

"알았어요. 그리로 갈게요. 화내지 마세요. 후훗."

상대는 뭐가 그리 재미있는지 계속 웃었다. 천천히 걸어와 내가 앉아 있는 1인용 소파와 기역 방향으로 놓여 있는 긴 소파에 앉았다.

"예주예요. 홍예주. 2학년이고, 불문과. 물론 이 학교고요."

더 이상 소리 내어 웃지는 않았지만, 여전히 웃음기 가득한 얼굴이다.

"문이 열려 있었어요. 노크했는데 아무 대답이 없기에 손잡이를 살짝 돌려 봤거든요. 근데 열리더라고요, 진짜. 햇살이 환하게 들어오고 있었어요. 창밖을 보니 내가 좋아하는 잔디밭이 보이기에 시간 가는 줄 모르고. 후훗."

뭐가 그리 우스운지 예주는 말끝마다 웃었다. 무단침입과 무례해 보이는 말투에 화가 날 법도 한데, 예주와의 이런 목적도 용건도 없는 대화를 나도 모르게 즐기고 있다.

"바로 옆에 이렇게 건물이 있는데, 나무 몇 그루 옆에 있다고 아무도 보지 못할 거라 생각하는 거, 너무 바보 같지 않나요?"

예주는 연신 재미있다는 듯 재잘댔다. 나는 어깨를 으쓱해 보였다.

"잔디밭이요. 아까부터 계속 잔디밭을 보고 있었거든요. 후훗. 조금 떨어져 있긴 해도 다 보이는데."

무슨 생각이 다시 났는지 예주가 키득키득 웃었다.

"뭘 봤는데 그러지?"

"별거 아니에요. 아무도 없다고 생각할 때 교수님도 하실 행동 같은 거. 후훗."

내담자들을 관찰하다 보면 웃음이 뭔가 긴장되거나 불안하거나 걱정거리를 숨길 때 사용되는 걸 볼 수 있다. 예주의 웃음 역시 모호했다. 정말 모든 일이 저렇게 재미있어 웃는 것 같기도 하고, 일부 내담자들처럼 뭔가를 숨기기 위해 웃는 것 같기도 하고.

"날 찾아온 용건은 뭐지?"

요리조리 피해 빠져나가지 못하도록 단호한 목소리로 물었다. 예주는 까만 눈을 동그랗게 뜨고 답했다.

"상담받고 싶어요."

어쩌면 상담심리학 교수이며 심리상담가인 내가 예상할 수 있는 가장 가능성 높은 답이었음에도, 예주를 바라보는 동안 전혀 예상치 못했던 답변이었다.

"예주 학생이 어떻게 생각할지 모르겠는데. 이번 학기는 내가 강의 스케줄도 조금 빡빡하고, 가능하면 우리 학교 학생은 내담자로 받지 않겠다는 내 나름대로 세운 원칙 같은 것도 있고."

당연히 거절해야 할 대상에게 거절하면서도 서운함을 느끼는 것은 왜일까.

"예외 없는 법칙은 없죠. 후훗."

예주의 동공이 더 커졌다.

상담할 때 상담자와 내담자 간에 생기는 신뢰 관계인 라포(rapport)는 상담의 성공 여부를 좌우하는 가장 중요한 핵심이지만, 라포가 형성되는 과정에서 내담자가 상담자에게 또는 역으로 상담자가 내담자에게 끌릴 수 있다. 물론 그 모든 역동을 상담을 위해 잘 활용하는 것이 상담자의 역량이지만, 간혹 막무가내로 달려드는 내담자가 있어 문제가 될 수 있다. 실제로 학부 때 상담심리학을 가르치던 교수님 한 분이, 내담자가 자기 사랑을 받아 주지 않는다는 이유로 자살을 해 버려 심한 충격과 상처로 오랜 시간 상담을 할 수 없었다고 고백하기도 했다. 학교 안에서 괜히 사람들 입에 오르내릴 스캔들을 만들고 싶지 않았다.

"상담해 주세요. 아니면 갑자기 한강에 확 뛰어내릴지 몰라요. 후훗."

대답하지 않고 뜸을 들이자, 예주가 채근했다. 조금 전까지만 해도 우리 학교 학생이라는 점만 빼면 내담자로 받기에 위험 요소가 별로 없어 보였는데, 자살 협박이라니. 감정 기복이 심하거나 돌발 행동을 할 여지가 있는 위험군일 수 있다. 자살이나 협박에 어울리지 않는 저 웃음은 또 뭔지. 농담하듯 웃어 대는 예주를 보니, 이리저리 분석하고 재 보는 내 머릿속의 모든 과정이 유치하게 느껴졌다. 오기 같은 것이 발동했다.

"상담은 일주일에 한 번, 한 시간. 상담은 한두 번 해서 되는 게 아니라 대부분 장기로 진행해. 내 경우엔 적게 잡아도 시간당 비용이 꽤 될 텐데, 부담할 수 있겠나?"

일부러 정색하고 사무적으로 설명했다.

"설마 학생에게도 돈을 받으실 줄은 몰랐는데. 그 돈이 있으면 병원엘 갔겠죠. 후훗."

계속 키득대는 예주를 바라보고 있자니, 저렇게 만사가 가볍고 재미있는 애가 왜 와서 상담 같은 걸 받겠다는 건지 궁금해졌다. 자연스럽게 웃고 있지만, 역시 그 웃음은 뭔가를 숨기고 있는 게 분명하다. 본래의 나라면 이 아까운 시간을 더 이상 낭비하지 않고 서둘러 돌려보냈을 텐데, 예주에 대한 호기심이 발동했다.

"예외는 있지, 물론 지금까지도 있었고."

문득 우리 과 여학생 하나가 상담심리학을 전공하고 싶다고 찾아왔을 때, 무료로 2년간 상담해 준 사례가 떠올랐다.

"좋아, 예외를 하나 더 만드는 셈 치고 받아 주지. 대신 무조건 내 스케줄에 맞춰 주면 좋겠는데. 이번 학기는 정말 바빠서 말이야. 매주 금요일 오후 4시, 괜찮은가?"

입장이 바뀌기라도 한 듯 예주의 대답을 기다리는 동안 마른침이 꼴깍 넘어갔다.

"그럼, 금요일에 올게요."

목적한 바를 달성하자마자 예주는 벌떡 일어났다. 감사하다는 말도 없이 고개를 꾸벅하더니 그대로 총총히 문을 열고 나가 버렸다. 버릇없는 녀석이라 여겨야 마땅한데, 웃음이 났다. 예주가 남기고 간 싱그러운 잔향이 한참 동안 연구실 안을 떠돌았다. 분명 낯선 얼굴이었는데, 그 향기가 왠지 기억의 한 부분을 계속 간질였다.

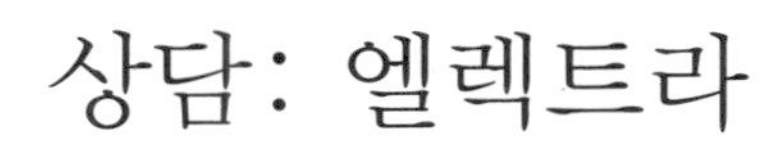

상담: 엘렉트라

'되도록 상담 이외의 시간에는 만나지 않는다.'

모든 상담이 그렇듯, 상담이 시작될 때 상담자와 내담자 사이에 지켜야 할 일들을 예주에게 비교적 사무적으로 설명했다. 내 말에 그다지 관심 없어 보이던 예주가 마지막 대목에서 눈을 반짝이며 골똘히 생각에 잠겼다.

"마음에 걸리는 거라도 있나?"

나는 설명하고 질문하는 모든 과정에서 예주의 표정과 행동, 말투, 시선 처리와 웃음 등을 자세히 관찰했다. 변화를 포착하고 던진 질문이다. 예주는 잠시 딴생각했다며 사과했다. 어떤 예감은 있었으나 그 의미를 해석하지 않고 넘어간 걸 후회하게 될 줄 그때는 몰랐다.

가족 관계나 종교 같은 것들을 묻는 동안 예주는 전혀 꺼리는 기색 없이 술술 답했다. 내 연구실에 불쑥 침입했던 그 첫 만남만큼 예주는 밝고, 많이 웃었으며, 구김이 없어 보였다. 예주는 고등학교 때까지 부모님과 같이 살았으나 대학에 들어온 뒤 부모님이 지방으로 이사해 학교 근처에서 혼자 자취하고 있었다. 아버지는 중소기업 사장으로 예주를 지극히 아끼고 예뻐했으며, 어머니는 전업주부로 내성적인 편이라 예주와 대화가 별로 없다고 했다.

"무엇 때문에 지금 꼭 상담을 받고 싶은 거지?"

예주의 눈동자가 왼쪽 위에서 잠시 머물렀다. 예주는 한 글자 한 글자 눌러 말하듯 내 질문을 힘주어 따라 하다 피식 웃었다.

"왜 꼭 지금? 후훗, 재밌는 질문이네요."

이 질문은 내담자의 동기와 상담의 주요 주제에 대한 정보를 얻을 수 있는 핵심 질문이다. 온화한 미소를 지은 채 재촉하지 않고 조용히 기다렸다. 내담자가 보이는 침묵도 중요한 단서가 된다. 침묵의 이유가 무엇일까. 상담자의 반응을 두려워하거나 얘기가 누설될 것을 걱정할 수도 있겠지만, 지금까지 예주가 보여 왔던 태도를 볼 때 그럴 가능성은 적었다. 어떤 감정에 압도되어 있거나, 단순히 생각 중일 수도 있다.

"내가 드디어 스물한 살의 미대생이 되어서? 참, 난 미대생은 아니지."

예주는 배꼽을 잡고 웃었다. 웃음을 통제하는 기관이 작동 불능이 된 듯 웃어 대는 예주를 주의 깊게 바라보았다. 우스운 일이 있어서 나오는 자연스러운 웃음이라기보다는 강요되거나 긴장된 느낌을 주는 고통스러운 웃음이다.

"내가 보기에는 그렇게 웃을 만한 상황이 아닌 것 같은데, 무슨 사연이라도 있나?"

"저도 남자랑 연애하고 싶어요."

예주가 웃음을 그치고 대답했다.

"남자 친구를 사귀고 싶은데 잘 안 된다는 뜻인가? 내가 예주를 잘 이해할 수 있게 좀 더 설명해 주면 좋겠는데."

정적이 한동안 계속되자, 다시 물었다. 새침한 고양이 한 마리가 그려져 있는 흰색 티셔츠에 검은색 진을 받쳐 입은 예주는 다리를 꼬고 앉아 있었다. 꽉 끼는 티셔츠 때문에 가슴이 도드라져 보였다. 얼굴에 발그레하게 홍조가 도는 하얀 피부의 소녀 같은 이미지에 풍만한 몸매까지 갖췄으니, 모르긴 해도 주위에 사내 녀석들이 제법 많이 모여들 것이다. 그런데 연애를 할 수 없다니, 진짜 문제는 아직 수면 밑에 감춰져 있다.

"쫓아다니는 남자들은 많아요. 안 만나 주면 자살하겠다고 협박하는 사람도 있고, 자기 어디가 마음에 안 드냐며 저 때문에 성형수술한 인간도 있어요. 후훗."

재미있다는 듯 웃고 있지만, 눈가에 웃음기가 가신 거짓 웃음이다.

"내가 보기에도 예주는 상당히 매력적인 여성이라 따르는 남자가 많을 것 같은데, 남자 친구를 사귀는 데 어려움이 있나 보지?"

문제의 핵심을 파악하기 위해 다시 질문을 던졌다.

"교수님 눈에도 제가 매력적으로 보이나요? 사실 우리 학교 교수님 중에도 있어요, 저한테 고백하신 분이. 후훗."

자신에게 쏟아지는 관심쯤은 대수롭지 않다는 말투다. 태연한 척 예주의 다음 말을 기다렸다. 예주에게 고백했다는 교수는 도대체 누구일까. 내가 아는 사람일 수도 있고, 최소한 이 교정 안에서 얼굴을 마주친 이들 중 누구라고 생각하니 궁금했다.

"교수가 고백했다면 예주가 몹시 당황했겠는데?"

"교수도 남잔데요 뭘. 다 똑같아요."

예주의 목소리에 적의가 묻어났다.

"노골적으로 들이대기에, 스마트폰으로 녹음해서 교수님 아내분께 보내겠다고 협박했죠. 후훗."

"예주가 그동안 남자들한테 크게 실망했겠네."

공감하고 있다는 것을 보여 주고, 잠잠히 다음 말을 기다렸다.

"다 똑같아요. 하나같이 다 몸뚱이만 원하죠."

예주는 적의에 가득 찬 표정으로 두 손을 들어 자기 가슴을 감싸쥐고 들어 올렸다 놓으며 쏘아붙였다. 돌발적인 행동에 잠시 당황했지만, 시선을 노골적으로 돌리지 않고 최대한 평정을 유지했다.

"그동안 만났던 남자들에 대한 실망으로 남자 전체에 대한 불신감이 생긴 것 같은데……."

예주의 표정을 살폈다.

"상담에선 내담자와 상담자 간의 신뢰가 정말 중요하거든. 상담자인 내가 남자인데도, 예주는 날 신뢰하고 계속 상담을 진행할 수 있을까?"

상담에서 중요한 문제라 짚고 넘어가고 싶기도 했고, 다른 모든 남자와 차별화되고 있다는 걸 확인하고 싶은 욕심도 있었다.

"교수님은 글쎄……."

예주가 잠깐 고민하는가 싶더니 말을 이었다.

"별로 남자 같다는 생각이 안 들어요. 욕망의 눈빛으로 쳐다보지도 않고. 후훗."

예의 그 장난기 가득한 목소리로 대답했다.

"아빠를 완전 좋아했어요. 울 아빠처럼 멋진 사람이 없었는데."

문제의 현 상황에 대해 좀 더 자세히 알아볼까 싶었는데, 예주가 이미 과거 회상으로 들어갔다. 예주가 감정에 몰입해 하고 싶은 얘기를 충분히 꺼낼 수 있도록 방해하지 않고 듣기로 했다.

"졸릴 때 아빠가 늘 무릎에 나를 앉히고 머리를 쓰다듬어 주면서 옛날이야기를 해 주곤 했어요. 몇 번이고 다시 해 달라고 졸라도 아빠는 한 번도 화를 내거나 거절해 본 적이 없어요."

예주가 눈꺼풀을 끔벅였다. 꿈을 꾸는 듯한 표정이다. 예주가 상담 초반에 말해 준 인적 사항을 보면 예주 아빠는 예주 엄마보다 무려 스무 살이나 더 많다. 나이 마흔이 넘어 얻은 귀한 외동딸이니 어찌 예쁘지 않겠는가.

결혼 후 2년이 넘도록 아내가 임신이 되지 않아 병원에 따라다니며 불임 검사를 하던 기억이 떠올랐다. 작은 방에 갇혀 정액을 받아 나오라는 명령을 들었을 때, 인간이 아닌 하나의 수컷 짐승으로서 그 기능을 평가받고 있다는 생각에 모멸감을 느꼈다. 다행히 마흔 전에 아들 하나를 얻어 그 아들이 얼마 전 초등학교에 들어갔다.

얼굴에 홍조가 도는 달뜬 표정으로 어린 시절을 얘기하던 예주의 눈가에 갑자기 눈물이 맺혔다.

"어린 시절 아빠의 사랑을 기쁘게 회상하고 있었는데, 지금 예주 눈에 맺힌 눈물의 의미를 어떻게 해석하면 좋을까?"

한참을 끼어들지 않고 듣고만 있다가, 예주가 자신의 감정을 정확히 볼 수 있도록 질문을 던졌다.

"안 울어요."

예주가 티셔츠 소매로 눈물을 훔쳤다.

"눈에 뭐가 들어갔나?"

눈을 깜박이며 천장을 쳐다보는 예주의 행동이 과장되어 보였다.

"울고 싶으면 맘껏 울어도 돼. 그게 기쁨의 눈물이든, 슬픔의 눈물이든, 회한의 눈물이든 여기선 맘껏 울어도 돼. 대신 예주가 울면서 눈물의 의미에 대해 생각해 보고 그걸 이해할 수 있다면 상담에 큰 도움이 될 거야."

파블로프의 개가 종소리를 들으면 저절로 침을 흘리듯, 내담자의 눈물을 보면 입에서 튀어나오는 정형화된 말들. 아무 생각하지 않고 특별한 노력 없이 던지는 이런 말들이 갑자기 귀에 거슬렸다. 나는 정말 예주의 눈물에 공감하고 있는 걸까? 셀 수 없이 많은 상담을 성공적으로 마쳤고, 수없이 많은 내담자의 눈물을 보아 왔지만, 나 자신에게 이런 질문을 던진 적은 없었다. 나는 정말 예주의 눈물에 공감하고 있는 걸까?

공감이란 단어를 떠올리자, 로저스의 말이 떠올랐다. "공감한다는 것은, 다른 사람의 내적 준거 체제를 마치 자신이 그 사람인 것처럼 정서적 요소 및 의미와 함께 정확하게, 그러나 '마치 그런 것처럼'이라는 조건을 절대로 잊지 않고 인식하는 것이다." 로저스는 상담자가 내담자의 감정에 지나치게 몰입해, 객관적으로 도움을 줘야 할 상담자의 본분을 잊게 될까 봐 '마치 그런 것처럼'이란 조건을 절대 잊지 말라며, '거리 두기'를 당부했다.

공감이 내담자에게 지나치게 감정 이입하는 동정으로까지 넘어갈까, 걱정했던 로저스의 조언은 내 경우엔 기우일 뿐이었다. 철저히 '마치 그런 것처럼'에 충실한 나 자신이 가식적으로 느껴졌다. 상담하는 대부분의 시간 동안 나 자신이 프로페셔널하다고 생각해 왔다. 그런데 예주의 눈물을 바라보는 순간, 넘을 수 없는 이 '거리'가 내담자를 돕기 위한 장치라기보다는 나 자신을 보호하기 위한 울타리 같다고 느꼈다.

"엄마가 싫어요. 정말 짜증 나."

예주가 눈물을 그치고 입을 열었다. 지긋지긋하다는 표정으로 고개까지 세차게 흔들어 댔다.

"예주가 어머니와의 관계에서 안 좋은 감정이 남아 있는 것 같은데, 어떤 건지 얘기해 줄 수 있을까?"

예주가 고개를 살짝 숙이고 앞에 놓여 있는 테이블 끝만 뚫어져라 바라보았다. 고개를 살짝 떨어뜨릴 때 흑단 같은 머리가 검은 폭포처럼 아래로 떨어져 얼굴을 반쯤 가렸다. 예주와 테이블을 사이에 두고 'ㄱ' 자로 앉아 있는 나는, 잠자코 있는 예주의 옆모습을 관찰했다. 머리채만큼 까맣고 숱 많은 속눈썹이 파르르 떨렸다. 얼굴빛이 몹시 창백했다. 작지만 터질 듯이 도톰한 입술을 한번 만져 보고 싶었다. 순간 몸을 뒤로 빼 소파 등받이에 기댔다. 상담에 불필요한 생각을 저지하려는 무의식적 반응이다.

"두 번 그었어요. 다 실패했지만."

예주가 왼팔 티셔츠 소매를 걷어 올렸다. 팔을 들어, 내 앞으로 내밀었다. 작은 신음이 새어 나갔다. 파르스름한 기운마저 도는 하얀 팔목에 그어진 두 줄의 흉터가 처연했다. 제어하지 않았다면, 그대로 손을 뻗어 흉터를 쓰다듬었을지도 모른다.

"그러고 보니, '왜 꼭 지금이어야 하는가?'에 대한 답이 하나 더 있네요."

슬픔을 띤 얼굴로 잠시 거룩해 보이기까지 했던 예주가 벌써 감정을 추슬렀는지, 다시금 미소를 띠고 있다. 덕분에 나 역시 감정을 추슬렀고 상담자 본연의 자세로 돌아왔다.

손목에는 두 줄 뿐이고 그것도 아주 최근은 아닌 것으로 보아, 살아있다는 것을 스스로 각인하기 위해 상습적으로 손목을 긋는 '리스트 컷 증후군(Wrist cut syndrome)'은 아니다. 하지만 안심할 수 없다. 과거에 벌써 두 번이나 자살을 시도한 적이 있고, 현재 가족과도 떨어져 혼자 살고 있다. 남자 친구를 사귀지 못하는 등 대인관계의 어려움을 호소하고 있으니, 위험 요인들을 무시할 수 없다.

"예주 손목에 난 흉터를 보니 마음이 아프네."

부드러운 눈빛으로 예주의 눈을 바라보며 잠시 말을 멈춤으로써 내가 진심으로 함께 아파할 수 있는 사람이라는 것을 알렸다.

"죽고 싶단 생각 자주 하나?"

자살에 대한 생각을 파악하려는 질문이다.

"후훗, 아뇨."

내 진지한 표정이 재미있다는 듯 예주가 웃으며 고개를 좌우로 흔들었다.

"보통은 안 해요. 근데 갑자기, 정말 갑자기 그런 생각이 들 때가 있어요. 높은 빌딩에 올라갔을 때 전망을 감탄하며 아래를 내려다보다, 머릿속에서 '뛰어내려!' 하는 목소리가 들리는 거예요. 여기 두 번 그은 것도 칼 가지고 장난하다가 휙!"

오른손으로 칼을 잡는 시늉을 하며 보이지 않는 칼로 왼손 손목을 난자하는 행동을 취하며 웃는 예주의 모습에 귀기마저 흘렀다. 자살을 미리 계획하는 등 자살에 대한 의지를 보이지는 않으나, 예주 말대로 자살 충동이 자주 든다면 치명성이 높다고 가정해야 한다. 심각한 얘기를 계속 웃어 대며 장난스럽게 얘기하는 예주의 태도도 마음에 걸렸다.

"그런 충동이 들 때 예주는 어떻게 하지? 그런 상황에서 충동을 스스로 통제할 수 있다고 생각하는지 알고 싶은데."

"스스로 잘 통제한다면 왜 여기 앉아 있겠어요?"

예주가 나를 살짝 흘겨보며 입을 열었다.

"높은 데 절대 안 올라가고, 집 안에선 과일도 안 깎아 먹으려고 칼도 다 버렸어요. 이렇게 나름 잘 컨트롤한다고 자부하고 있지만, 그런 상황에 닥친다면…… 장담할 수 없어요. 나와 싸워 이길 자신…… 없어요."

무질서한 생활 대신 스스로 환경을 통제하려고 노력한다니 고위험군은 아니다. 자살에 대한 단호한 의지를 두고 계획을 세우는 내담자처럼 위험하다고 볼 수는 없다.

"예주 스스로 충동 상황을 피하려고 통제하는 건 아주 잘하고 있는 거야. 계속 그렇게 위험한 상황을 피하면서, 상담을 통해 충동에 대해 더 알아 간다면 그런 충동도 없앨 수 있을 거야."

용수철처럼 자리에서 벌떡 일어난 예주가 인사를 하는 둥 마는 둥 하고 총총히 사라졌다.

첫 번째 상담은 지극히 무난하고 평범하게 끝났다. 55분이 지났을 때 5분 남았음을 알리고 피드백을 주고, 질문을 받고 정확히 1시간이 되어 끝났음을 알렸다. 조금 더 얘기하고 싶어 하는 내담자들에게 칼처럼 시간을 지켜 냉정하다고 소문난 내가, 칼처럼 냉정히 일어나 사라져 버린 예주에게 서운함을 느꼈다.

상담: 우주를 떠도는 고아

상담까지 아직 15분 남았다. 창밖을 내다보다 예주가 처음 찾아온 날이 떠올랐다. 예주의 머리 기울기와 시선의 각도 등을 떠올리며 예주가 보았을 그 풍경을 향해 시선을 더듬어 보았다. 잔디밭이 보였다. 학생들 몇이 분주하게 제 갈 길을 걸어갔다. 드문드문 심긴 나무 사이에 나란히 서 있는 긴 머리 여학생 둘이 시선을 끌었다. 짧은 원피스를 입고 긴 머리를 찰랑거리며 걸어가는 뒷모습이 마치 쌍둥이 자매 같다. 한쪽은 붉은빛의 화려한 꽃무늬 프린트 원피스고 다른 한쪽은 순백의 원피스다. 곧게 뻗은 네 개의 다리가 시원시원했다. 손을 잡고 걸어가는 뒷모습을 물끄러미 바라보고 있는데 꽃무늬 원피스가 갑자기 돌아서더니, 순백의 원피스의 얼굴을 두 손으로 감싸안고 키스했다.

영화 속에서 늘 보던 백인 남녀 배우의 키스처럼 자연스럽고 우아한 키스였다. 잠시 멍하니 바라보다 뒤돌아섰다. 입맛이 씁쓸했다. 담배 생각이 났다. 얼른 자리에 앉아 상담일지를 넘겼지만, 집중이 되지 않았다. 이제는 확실히 끊었다고 장담하며 남은 담배를 모두 내다 버렸으니, 꽁초 하나 찾으려야 찾을 수 없었다.

'딸각'하고 문손잡이 돌리는 소리가 들렸다. 예주가 연구실에 들어왔다.

"늦은 줄 알고 뛰어왔더니 너무 더워요."

그동안 바지 차림이던 예주가 오늘은 하얀 원피스에 짧은 청재킷을 걸쳤다. 작고 동그란 칼라가 달린 짧은 원피스가 발랄한 느낌을 주었다. 짧은 스커트 아래로 길게 뻗은 다리를 보다 잠시 머리가 핑 돌았다. 예주는 소파에 앉자마자 청재킷을 벗었다. 순백의 원피스 위로 예주의 까만 머리카락이 찰랑거렸다.

"어디서 오는 길이지?"

꽃무늬 원피스와 순백의 원피스가 머릿속에 계속 아른거렸다.

"친구 만나고 오는 길이에요."

"친구 관계는 좋은 편인가?"

상담자답지 못하게 추궁하는 말투가 튀어나왔다.

"남자 친구를 못 사귀어서 그렇지 여자 친구랑은 관계 좋거든요."

똑똑 끊어서 대답하는 예주의 말투는 프로페셔널하지 못하다고 내게 경고장을 날리는 것 같았다. 얼른 머릿속 잔상을 흔들어 떨며 상담에 집중하려고 노력했다. 무슨 해괴망측한 상상인지. 그 순백의 원피스가 예주라는 아무런 증거도 없으면서.

"홍예주란 인간은 열여섯 살에 죽었어요."

소파에 기대어 다리를 꼬고 앉은 예주가 내 쪽으로 시선을 두지 않고 정면을 멍하니 응시하며 입을 열었다. 워밍업도 되지 않았고, 오히려 나의 망측한 상상으로 분위기가 불편하게 흐르고 있던 순간, 단도직입적으로 본론에 들어가는 예주의 말에 깜짝 놀랐다. 겨우 한 번의 상담으로 나와 충분한 라포가 형성되었다는 건가. 라포는 상담자와 내담자 간에 신뢰와 공감을 바탕으로 형성되는 친밀한 관계를 말한다. 새로운 내담자는 끊임없이 상담자를 의심하고 시험하기 때문에 라포를 형성하는 데 보통 상당한 시간이 걸린다. 그런데 예주는 이제 겨우 두 번째 상담에서 심각한 주제를 꺼내려는 것이다.

"학원까지 마치고 늦게 집에 돌아왔을 때였어요. 웬일인지 아빠가 문을 열어 주는 거예요. 엄마는 밖에 나갔다면서……."

예주는 여전히 정면을 응시하며 무표정한 얼굴로 한마디, 한마디 천천히 말을 이었다.

"아빠 표정이 별로 안 좋아 보였어요. 조금 무서워 보이기도 했고."

예주의 얼굴을 관찰하며 묵묵히 들었다.

"방에 들어와 옷을 갈아입고 있었어요."

잠시 침묵이 흘렀다.

"근데 아빠가 문을 벌컥 열고 들어오는 거예요. 짜증이 확 나서, '노크도 없이 들어오면 어떡해?' 하고 소리를 질렀어요. 근데 아빠가 들은 척도 하지 않고 그 무서운 얼굴로 들어와 문을 쾅 닫아 버리는 거예요."

하얗게 질려 있는 예주는 마치 과거의 그 장면이 눈앞에 펼쳐지기라도 하듯 잠시도 시선을 떼지 못했다.

"삐 삐비비 삐비!"

속옷 차림으로 서 있는 예주를 향해 예주 아빠는 소름 끼치도록 차가운 목소리로 무슨 말을 계속 반복하며 다가왔다. 무언가 중요한 말인 것 같은데, 예주의 기억 속에서 그 부분만 지워져 도통 기억이 나지 않는다고 했다. TV 프로그램 도중 욕설이 나오는 부분만 '삐-' 하는 기계음으로 처리되는 것처럼, 기억 속의 그 장면 역시 아빠의 말을 지워 버렸다. 아빠는 겁에 질려 가슴을 가리고 서 있는 예주를 그대로 침대 위로 밀어 넘어뜨렸다.

"삐 삐비비 삐비!"

차가운 목소리로 반복되는 아빠의 말. 저주인지, 주문인지……. 아빠에게 겁탈당하는 내내 예주는 온몸이 마비된 듯 꼼짝할 수 없었다. 있는 힘껏 밀고 발로 찬다면 50대 중반의 아빠에게서 충분히 빠져나갈 수 있었을지 모르지만, 어쩐 일인지 손가락 하나 까딱할 수 없었다. '삐 삐비비 삐비!' 하는 아빠의 차가운 목소리에 최면이라도 걸린 듯 온몸에 힘이 빠지고, 눈에서 눈물만 흘렀다. 아빠는 무서운 표정을 풀지 않은 채 거칠고 빠르게 예주를 짓뭉갰다. 아빠의 얼굴이 가까이 닿자, 술 냄새가 확 끼쳤다. 일을 마친 아빠가 바지를 올리고, 눈물을 흘리며 누워 있는 예주의 얼굴을 내려다보았다. 예주와 눈이 마주쳤다. 예주가 훌쩍이며 기어들어가는 소리로 입을 열었다.

"아……빠."

눈에 경멸의 빛이 서리더니, 아빠는 마지막 한마디를 던지고 나가 버렸다. 그때까지 예주는 머릿속으로 '이건 현실이 아니야, 꿈일 뿐이야. 뭔가 착오가 있는 거야. 아빠가 너무 취해서 잘못 보고 있는 거야.' 등 고통을 줄이기 위한 합리화를 계속하고 있었지만, 아빠의 마지막 일격에 그대로 무너져 버렸다.

이야기하는 내내 예주는 핏기 없이 하얗게 질린 얼굴로 꼼짝도 하지 않고 정면의 한곳만을 응시했다.

"갑자기 우주를 떠도는 고아가 된 기분이었어요."

잠시 입을 다물고 침묵하던 예주의 입이 다시 열렸다.

"침대 위의 핏자국을 지우고 욕실에 들어가 몸을 박박 닦는 내내 눈물이 그치지 않았어요. 세상으로부터 날 보호해 주던 아빠를 잃어버렸다는 생각이 날 미치게 했어요."

그제야 예주의 눈에서 눈물이 주르르 흘러내렸다. 말없이 테이블 위에 놓여 있는 티슈 두 장을 뽑아 예주에게 건네 주었다. 뚫어지게 정면만 응시하던 예주가 그제야 시선을 떨구며 티슈를 받아 들었다. 티슈를 쥐어 줄 때 살짝 닿은 예주의 손이 얼음장처럼 차가웠다.

순백의 원피스를 입고 눈물을 흘리며 앉아 있는 예주는 길을 잃고 떨고 있는 아기 새 같다. 내 손안에 딱 맞게 들어올 그 작고 하얀 손을 꼭 쥐고 온기를 전해 주고 싶다.

"아빤 그 후로도 가끔, 술을 마시거나 하면 엄마 몰래 내 방을 찾아왔어요. 난 아무런 저항도 하지 않았고요. 문제를 일으켜 봐야 이득 될 게 하나도 없었으니까요. 이제 내 편도 없고, 날 보호해 줄 사람도 없고."

예주가 조금 진정이 되었는지 고개를 들어 나를 바라보며 다시 입을 열었다.

"순결을 잃었다는 생각 같은 건 별로 안 했어요. 그까짓 것."

예주는 주먹을 꼭 쥐었다.

"학교에도 경험 있는 애들은 넘쳐나는데."

대수롭지 않다는 듯 말하며 시선을 돌리는 예주의 얼굴에 적의가 느껴졌다. 어떻게 아무렇지도 않을 수 있겠는가. 이솝 우화의 여우가 포도는 시기 때문에 먹을 필요 없다고 스스로 위로하는 것처럼 합리화일 뿐이다.

“엄마한테도 그 일에 관해 얘기해 본 적 없나? 엄마가 도울 수도 있지 않았을까 싶은데.”

엄마란 말이 나오자마자 예주의 몸이 가벼운 경련을 일으켰다. 예주의 눈에 경멸의 빛이 서렸다.

“엄만 짜증 나는 존재예요. 엄마가 날 보호해요? 그런 덴 아마 관심 없을걸? 아빠를 그렇게 만든 게 엄만데.”

“아빠를 그렇게 만든 게 엄마라고 말했는데, 그게 어떤 뜻인지 내가 이해할 수 있게 얘기해 줄 수 있을까?”

첫 상담 때부터 예주는 어머니에 대한 혐오감을 노골적으로 드러내 왔다. 예주에게 어머니는 가난하고 무력한 존재다. 스무 살 많은 아버지랑 결혼하려는 발상 자체가 사랑도 없으면서 가난에서 벗어나기 위해 결혼을 이용하려는 자포자기적 태도라며 대놓고 경멸했다. 대학을 나오지 못한 어머니의 꿈을 이뤄 주기 위해 아버지가 애썼지만, 어머니는 무기력증에 빠져 결국 아무것도 하지 않았다. 지극정성으로 지원하는 아버지를 어머니는 늘 외롭게 했고, 어머니의 말수마저 점점 줄어 갔다. 예주에게 성폭력을 행사한 건 아버지임에도 불구하고, 예주는 그 모든 일의 원인 제공자가 어머니라고 생각하고 있었다. 직접 만나 보지 않아 정확한 진단은 내릴 수 없지만, 예주의 어머니는 심한 우울증을 앓고 있었을 가능성이 높다.

근친상간 중 가장 혐오되면서도 가장 흔한 형태가 아버지와 딸 간의 관계다. 예주의 경우, 어머니가 심한 우울증을 앓고 있어 아버지를 정서적으로나 성적으로 방치해 두었다. 어머니와 딸 사이가 좋지 않았고, 아버지가 딸이 아내를 대신해야 한다는 생각을 가졌다면, 근친상간이 일어날 가능성이 높은 환경이었다. 예주가 아버지의 폭력에 저항하지 못한 것도, 성적 자기 결정권을 행사하지 못하고 순순히 권위자에게 응할 수밖에 없는 심리적 항거 불능 상태인 '학대 순응 증후군'으로 설명할 수 있다.

상담 중 개인적인 판단은 보류해야 함에도, 예순이 다 된 예주 아버지가 어린 예주를 유린하는 장면이 순간 머리를 스치면서 헛구역질할 뻔했다. 감정을 급히 추스르느라 헛기침했다. 그 소리에 예주가 시선을 내 쪽으로 돌렸다.

"잠깐만요. 그대로 계세요."

예주는 뭔가를 발견한 듯 눈이 동그래지며, 소파에 기댔던 등을 일으켜 오른손을 내게로 뻗었다. 예주의 손가락이 얼굴 쪽으로 다가오는 순간 상쾌한 꽃향기가 훅 끼쳤다. 눈을 감았다. 가늘고 긴 손가락 두 개가 내 귓불을 살짝 잡아당겼다. 온몸에 전율이 흘렀다.

"후훗, 머리카락이 여기에 붙어 있었네요."

짧은 머리카락을 들어 보이며, 예주가 웃었다. 드디어 예주가 웃었다. 첫 만남부터 항상 밝고 쾌활하게 웃던 예주. 오늘 만남에서는 처음 보인 웃음이었다. 예주가 웃으니 나도 모르게 활짝 따라 웃었다.

억압된 감정을 차근차근 깨닫게 해 줘야 하고, 좀 더 합리적으로 상황을 판단할 수 있도록 도와줘야겠지만, 그 모든 해야 할 일들이 아련히 멀어져 갔다. 그냥 지금 여기서 예주와 함께 이렇게 계속 웃고 싶다.

“벌써 시간이 다 됐네요. 빨리 마무리하셔야죠.”

예주가 내 손목시계를 가리키며 빙긋 웃었다. 첫 상담에서 상담 시간이 늘어지면 안 되고 칼같이 지켜야 한다고 냉정한 표정으로 말했던 내가, 빙긋 웃으며 시간을 일깨워 주는 예주 앞에서 무안해졌다. 예주와의 상담 시간에는 시곗바늘이 더 빠른 보폭으로 걸어가는 게 틀림없다. 허둥지둥 오늘 예주가 꺼낸 얘기에 대해 피드백을 주고, 질문이 있는지 물었다.

“교수님도 혹시 딸이 있어요?”

이제 초등학교에 막 들어간 아들이 하나 있을 뿐이라고 대답했다. 예주가 다시 입을 열었다.

“만약에 딸이 있어도 교수님은 그러지 않으시겠죠?”

“참 어려운 질문이네. 그러지 않을 수 있는 아빠가 되고 싶지만, 사람은 그 어떤 것도 단정해 말할 수는 없는 거니까.”

말끝을 흐렸다. 속으로는 어떻게 그런 구역질 나는 일을 생각할 수 있냐고 내지르고 싶었지만, 그런 개인적인 감정 표출로 내담자에게 피해를 줄 만큼 미성숙한 상담자는 아니다. 예주의 머릿속이 복잡한 무엇으로 가득 차오르는 듯 시선의 초점이 흐려졌다.

지쳐 보이는 예주를 연구실 문까지 배웅했다. 벗어 놓은 청재킷을 한 손에 들고 천천히 앞장서 걷고 있는 예주의 머리카락에도 여린 장미꽃잎 향이 배어 있었다. 거의 문 앞에 다 왔을 때, 예주가 몸의 균형을 잃고 휘청거리며 발을 헛디뎠다. 나는 반사적으로 뒤에서 예주의 양팔을 붙잡았다. 금방이라도 부서질 것 같은 가녀린 팔. 예주의 긴 머리카락이 내 팔에 닿아 어지럽게 간질였다.

"죄송해요."

균형을 되찾고 바로 서자마자 휙 뒤돌아 꾸벅 인사를 했는데, 너무 가까이 있던 터라 하마터면 예주의 얼굴이 내 가슴에 부딪힐 뻔했다. 여전히 예주를 향해 뻗고 있던 내 팔을 예주의 머리카락이 다시 한번 어지럽게 간질였다.

그렇게 예주는 또 총총히 사라졌다.

천진난만하게 까르르 웃다가도 언뜻언뜻 비치던 슬픈 빛이 조금씩 얼굴을 드러내고 있다. 예주가 열여섯 살 때부터 아버지에게 지속적인 성폭행을 당해 왔다는 사실을 상담일지에 기록하는데, 왼쪽 가슴에 저릿한 통증이 느껴졌다. 잠시 펜을 내려놓고 두 주먹을 불끈 쥐었다 폈다. 얼굴도 모르는 그 늙은이에게 한 방 먹이고 싶다. 타고난 냉정한 성격 덕에 내담자와의 거리 두기에 실패한 적이 없던 나로서는 특이한 반응이 아닐 수 없다.

예주의 손가락이 닿았던 왼쪽 귓불을 살짝 만져 보았다. 아직도 잔향이 남아 있다. 몇 달 전 끊어 놓고 귀찮아서 가지 않은 헬스장에 들렀다 가야겠다. 처지기 시작한 아랫배에 힘을 주었다.

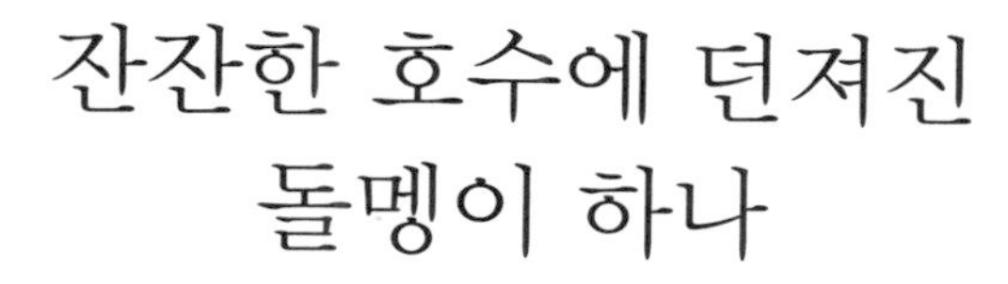
잔잔한 호수에 던져진
돌멩이 하나

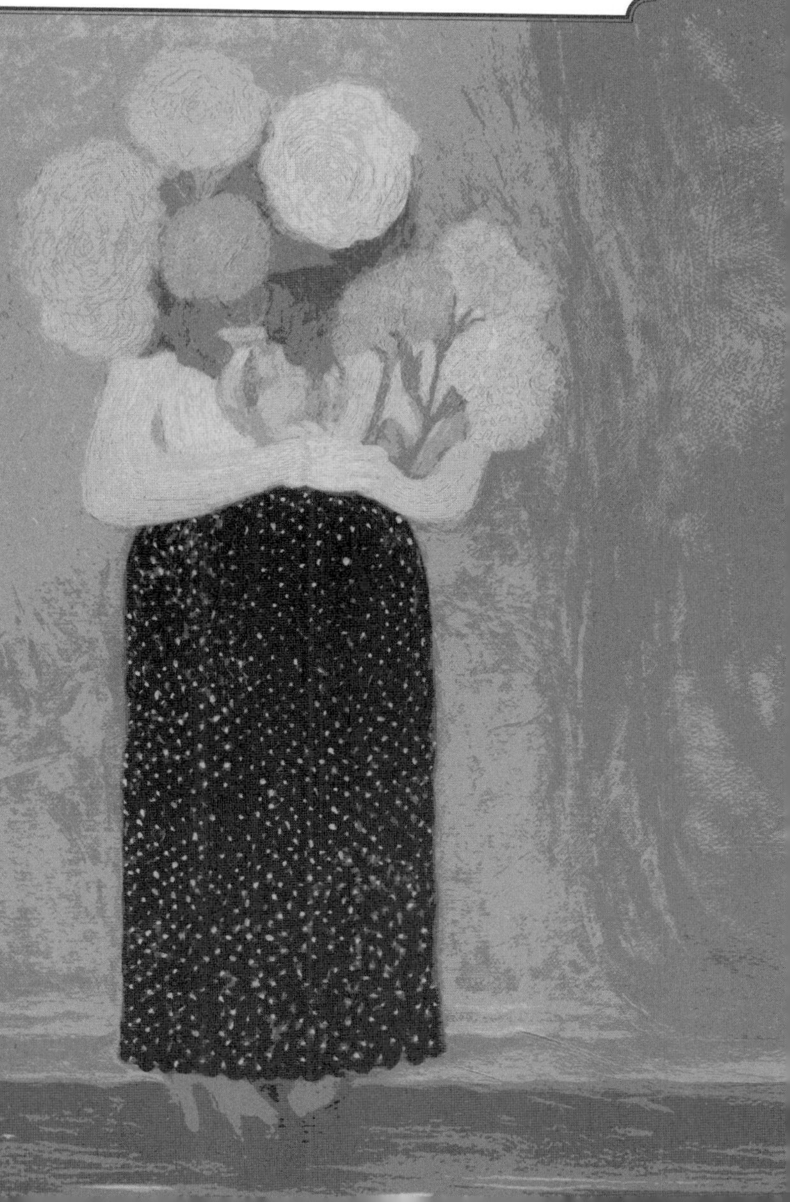

예주가 상담에 나타나지 않았다. 금요일 오후 4시 20분. 책상에 앉았다 일어나 창가를 서성였다 다시 책상에 앉기를 수십 번.

연구마다 수치는 다를 수 있지만, 많은 연구에서 첫 상담 이후 내담자의 20~40%가 상담을 중단하려는 경향이 있다고 보고했다. 상담 약속을 이행하지 않는 내담자가 있더라도, 내담자가 다시 상담실로 연락하지 않는 한 무시하는 것이 상식적이다. 실제로 상담 약속을 지키지 않는 내담자를 많이 만났다.

지난주 예주는 남자와의 관계에 어려움을 느낀다고 다시 한번 호소하며 구체적인 사례들을 언급했다. 예주에게 매력을 느끼고 접근했던 한 남학생은 손끝 하나 건드린 적 없음에도 예주가 마치 치한을 만난 듯 소리를 지르는 바람에 경찰서까지 끌려가기도 했다. 다른 남학생의 경우, 사랑을 고백하고 있는 면전에서 먹은 것을 토해 내기도 했다. 자신에게 구애하는 남학생들에게 예주가 보기 좋게 물 먹이는 장면을 떠올리자 웃음이 났다.

"그 같은 과 선배란 학생은 누구지?"

내 입에서 이런 질문이 튀어나오다니……. 술집에서 같은 과 1년 선배가 예주에게 기습적으로 키스했을 때 예주의 몸은 저항할 수 없었고, 오히려 그 부드러움과 따뜻함에 깜짝 놀라 몸이 열려 버렸다고 했다. 그 선배가 여자임을 밝혔을 때 내 반응은 다시 생각해도 너무 경솔했다.

어린 나이에 아버지에게 당한 성폭력 때문에 혐오감과 두려움이 남성 전체로 일반화될 수 있다. 남자들의 구애에는 거부감을 보였던 예주가 상대적으로 부드럽게 다가오는 여성의 구애에 마음을 여는 건 당연한 반응이다. 억압되어 인정하지 않고 있는 아버지에 대한 혐오감이나 두려움을 깨닫게 해 주어야 한다. 건강한 정체성을 찾아 주는 것도 상담의 과제다. 나를 믿고 자신의 이야기를 털어놓은 예주에게 충분한 경청과 공감을 보여 주지는 못하고, 거친 목소리로 다그치고 말았다. 그것도 화난 듯 무서운 얼굴로.

불행하게도 상담을 통해 내담자가 피해를 볼 수 있는 개연성이 항상 존재한다. 연약하고 무력한 내담자는 전지전능한 위치에서 휘두르는 상담자의 칼을 맞고 쓰러질 수 있다. 지난주 상담을 떠올리자, 얼굴이 화끈거렸다. 범죄 사실을 밝히기 위해 취조하는 것도 아니고, 바람난 아내를 추궁하는 것도 아니고. 내가 예주였다면 상담자의 그런 미성숙하고 예의 없는 질문에 그 자리를 박차고 나가 버렸을 것이다. 하지만 예주는 나에 대한 신뢰의 끈을 꽉 붙들고 있었는지, 내 질문에 모두 순순히 답했다.

예주의 여자 친구는 같은 불문과 1년 선배인 오수빈이다.

"그 선배도 예주처럼 머리가 긴가?"

예주는 잠시 어이없다는 표정을 지었지만, 곧 그렇다고 대답했다. 붉은 꽃무늬 원피스와 순백의 원피스가 키스하던 장면. 아마 그들이었을 것이다. 어이없지만, 눈에서 불꽃이 일었다. 어떻게 상담을 마무리하고 어떻게 예주를 보냈는지조차 기억나지 않았다. 젊은 시절 상담을 처음 시작했을 때도 저지르지 않았던 어처구니없는 잘못이다.

인정하고 싶지는 않지만, 혹시 내가 예주에게 이성으로서 끌리고 있지 않은가, 질문해 보았다. 상담자는 내담자와 그 어떤 성적인 관계도 맺을 수 없다는 윤리적 규범이 있지만, 상담자도 인간이니 때때로 내담자에게 매력을 느낄 수 있다. 성적으로 끌릴 때 그 문제를 적절하게 처리하는 건 상담자에게 아주 중요한 문제다.

한 논문에 실린 연구 결과에 따르면, 90%에 가까운 상담자가 종종 내담자에게서 성적으로 끌리는 경험을 했다고 인정했고, 그러한 자신의 감정을 불편하게 느꼈다고 했다. 그중 3분의 2가량은 그렇게 끌리는 마음 때문에 죄책감마저 느끼고 있었다.

이성인 상담자와 내담자 사이에서 종종 일어날 수 있는 감정이기는 하지만, 빨리 자각하고 적절하게 대처하지 않으면 내담자가 피해를 볼 수 있다. 상담자인 내 감정 때문에 객관성을 잃어 내담자의 문제를 정확하게 보지 못할 수도 있고, 내 마음이 이끌림으로써 생긴 무력감을 해결하려고 상담 시간에 내담자를 지배하려고 애쓸 수도 있다. 내 감정을 무의식적으로 내담자에게 투사해 반응을 기대할 수도 있고, 이끌리는 감정을 내담자에게 노출하는 잘못을 저지를 가능성도 있다. 나 자신과 내담자를 보호하고 상담에서 지켜야 할 경계를 넘지 않기 위해 내담자에게 이끌리는 마음과 경고 신호를 알아차리는 것이 중요하다.

예주를 기다리느라 초조한 마음을 다잡고 앉아 체크리스트*를 떠올려 보았다.

- 특정한 내담자와 상담 시간을 더 갖고 싶어 한다.
- 그 내담자가 앞에 있을 때 그 내담자가 힘이 있거나 매력이 있다고 느낀다.
- 그 내담자와 함께 있으면 즐거움을 더 많이 느낀다.
- 성적인 내용이 담긴 이야기를 즐긴다.
- 에로틱한 방식으로 그 내담자에 대한 공상에 지속적으로 빠진다.
- 다른 사람과 성적으로 개입될 때 그 내담자를 떠올린다.
- 그 내담자가 앞에 있을 때 성적으로 흥분된다.
- 그 내담자 앞에서 약해지는 느낌을 갖거나 혹은 인정받기를 원한다.
- 다른 이들에게 불만족스럽고, 다른 사람들보다 그 내담자 때문에 기분이 좋아진다.
- 개인적인 관계에서 불만족과 문제를 다룰 수 없게 된다.
- 만약 내가 그/그녀와 좀 더 가까워지면, 그 내담자를 진정으로 도울 수 있을 것 같다.
- 그 내담자에게 나만이 도움을 줄 수 있는 유일한 사람이라는 생각이 든다.

* Gill-Wigal, J., & Heaton, J. A. (1996). Managing sexual attraction in the therapeutic relationship. *Directions in Clinical and Counseling Psychology*, *6*, 3-14.

• 그 내담자를 생각하면 걱정이 되고 죄의식이 든다.
• 성적인 관계로 전환함으로써 초래될 피해에 대해서 거부하게 된다.

머릿속에 경고등이 울렸다. 각 항목에 대해 강도는 약하지만, 해당하는 항목이 반 정도는 되었다. 20년 가까이 상담하면서 여성 내담자에게 끌린 적이 한 번도 없다면 거짓말이다. 그런 감정 자체를 없앨 수도 없고 없앨 필요도 없다. 이 모든 반응을 내담자에게 도움이 되도록 제대로 다루기만 하면 된다. 내담자와 함께할 때 느끼는 에너지와 열정을 잘 활용하고 위험한 경계선을 넘지 않고 내담자를 보호할 수 있다면, 얼마든지 상담을 성공적으로 마칠 수 있다.

4시 40분. 예주는 오지 않을 것이다.

여기서 초조하게 기다리지 말고, 일찍 퇴근하자. 퇴근길에 세훈이랑 한잔해야겠다. 내 장점은 차갑고 냉정한 이성 아니던가. 지난주 내 미성숙한 반응으로 예주가 상처 입었음에 틀림없겠지만, 상담의 자리로 오지 않는 한 나는 예주를 도울 수 없다.

놈.

세훈과 자주 가는 작은 카페 이름이다. '난쟁이같이 작고 못생긴 땅의 요정'이란 뜻의 '놈(Gnome)'이지만 세훈과 나는 종종 "우리 놈 만나러 갈까?" 하고 서로 한잔하자는 뜻을 전하곤 했다.

카페 주인은 놈이란 이름에 걸맞게 키가 작고 피부는 가무잡잡

했다. 천천히 걷는 걸음걸이를 자세히 살펴보면, 왼쪽 다리가 약간 짧아 저는 걸 눈치챌 수 있다. 빨리 걷다 보면 드러나게 될 절룩거림을 감추기 위해 그는 언제나 천천히 한 걸음씩 신중하게 내디뎠다. 빨리 걷는 모습을 본 적이 없어서 그 절룩거림이 얼마나 눈에 띌지 가늠할 수는 없지만, 천천히 정성 들여 내딛는 신중한 동작이 더 시선을 끌었다. 신중한 걸음이 '왜?'라는 질문을 불러일으켜, 결국 왼쪽 다리가 짧다는 사실까지 파악하게 했다. 본인은 그걸 모르는 모양이다. 아니, 어차피 알게 되더라도 신중하게 관찰한 후 깨달아 주기를 원했는지 모른다. 단 몇 분간의 주의 깊은 관찰이나 관심도 기울이지 않은 누군가에게 '병신'이라고 단정 지어지는 건 아무래도 참을 수 없는 일일 것이다. 최소한 몇 분간 그의 걸음걸음을 주의 깊게 살펴본 사람이라면 절대 쉽게 '병신'이라고 지껄이지 못하고, 한 번쯤 그 안에 담긴 사연을 생각해 보게 되고 입을 다물게 된다는 걸 그는 잘 알고 있다.

가끔 혼자 와서 바에 앉아 맥주를 마시고 있으면, 카페 주인이 슬쩍 자기 얘기를 던지기도 했다. 젊은 시절 한때 수도자가 되겠다고 남부 독일이던가, 유럽의 작은 수도원에 들어간 적이 있다고 했다. 무슨 사연인지 지금은 땅속같이 어두컴컴한 이 카페에 틀어박혀 그가 한때 믿었을 신과도, 그리고 세상과도 담을 쌓고 살아가고 있다.

일찍 퇴근하고 들이닥친 탓에 카페 안은 아직 영업 준비가 되어 있지 않았다. 하지만 이미 단골인 내게 카페 주인은 선선히 문을 열어 주었고, 부스스한 모습으로 구석진 테이블 하나를 치워 주었다. 그러고는 냉장고에서 주문하지도 않은 차가운 칼스버그 한 병을 내 주었다.

녹색 병의 칼스버그를 주로 마시게 된 건 결혼한 지 몇 달 되지 않아 심리학 콘퍼런스 참석차 독일에 갔을 때부터다. 독일에 간 김에 유럽 몇 나라를 돌아보고 오자며 아내와 함께 갔었다. 덴마크의 한 도시에서 길을 헤매느라 한참을 걸은 후 들이켰던 칼스버그의 시원함을 아직도 잊을 수 없다. 목구멍을 타고 가슴까지 시원하게 흘러 내려가던 그 짜릿한 맛이 강한 인상을 남긴 이유도 있었지만, 한 모금 마신 뒤 'Probably the best beer in the world'라는 문구를 보고 아내와 한바탕 웃었다. 그때 칼스버그와 사랑에 빠졌다. 'King of the beers'라는 문구를 내세운 버드와이저의 오만함에 대비되면서 칼스버그의 소박하고 진솔한 자신감에 반했다고 할까.

결혼을 결정할 때까지도 아내가 최선의 선택일지 자신이 없었다. 기다려도 돌아오지 않는 나의 그녀를 마음속에서 완전히 보내지 못했을 때였다. 그런데 덴마크의 한 작은 술집에서 내 가슴속까지 시원케 해 준 칼스버그가 아내에 대한 사랑에 불을 붙였다. 수줍게 웃고 있는 아내가 내게 'Probably the best wife in the world'라고 속삭이는 듯했다.

거의 10년이 다 되어 가는 아내와의 결혼 생활 역시 늘 마시는 칼스버그처럼, 자극적이지는 않지만 익숙하고 특별히 나무랄 데 없다. 같은 과 후배였던 아내는 돌아오지 않는 그녀 때문에 방황하던 나를 아무것도 묻지 않고 오랫동안 묵묵히 기다려 주었다. 바람 부는 대로 망망대해를 떠다닐 것만 같던 내 마음이 마침내 닻을 내릴 수 있게 해 주었다. 박사 과정을 밟기 위해 미국 유학길에 올랐을 때도 아내는 같은 학교를 지원해 내 곁을 지켜 주었다. 결혼은커녕 서로의 미래에 대해 일언반구 한 적 없는 나를 따라 먼 유학길에 동행해 준 아내였다. 외롭고 힘든 유학 생활에서 아내는 내게 큰 힘이 되어 주었다. 솔직히 아내가 곁에서 조용히 돕지 않았다면, 나는 학위를 받지 못하고 포기했을지도 모른다. 한국에 돌아온 뒤 아내에게 엄청난 빚을 진 기분이었다. 주위에서는 왜 아직도 식을 올리지 않는지 의아해하는 눈치였고, 내게는 다른 대안이 없었다.

청혼하기 전날 세훈과 술을 마셨다. 잘 마시지도 못하는 양주에 맥주를 섞어 폭탄주까지 만들어 마셨다. 그저 취하고 싶어, 취하기 위해 마신 술이었다.

다음 날 저녁 아내와의 약속 시간에 나갈 때도 내 몸에서는 술 냄새가 진동했다. 깨질 듯 아픈 머리를 제대로 꼿꼿이 들고 있지도 못하던 나는 아내의 눈을 똑바로 바라보지도 못한 채 청혼의 말을 던졌다.

"결혼, 하자."

아내는 아무 말 없이, 금방이라도 고개를 테이블에 처박을 것 같은 나를 부축해 카페를 나와 해장국 집으로 데려갔다. 해장국 한 그릇을 시켜 내 입에 한 숟가락씩 떠 넣어 주는 내내 아내는 한 마디도 없었다. 머리가 빙빙 돌며 어지러운 가운데 아내 눈가에 맺힌 눈물을 본 것 같기도 했지만, 제정신이 아니었기에 기억을 확신할 수는 없다. 아내와 나는 그렇게 결혼했다.

카페는 어느덧 정돈되었고 내가 칼스버그의 마지막 한 모금을 마시려던 찰나였다. 남녀 커플 한 쌍이 들어와 내가 앉은 테이블과 대각선 방향에 있는 테이블에 나란히 앉았다. 칼스버그 한 병을 다 마셨지만, 세훈은 나타나지 않았다. 땅속같이 어두컴컴한 카페는 좁아서 네 명이 앉을 수 있는 테이블 네 개와 의자 여섯 개가 놓여 있는 바가 전부다. 주인은 애당초 많은 손님을 받고 돈을 버는 데는 뜻이 없었는지도 모른다.

벽에는 흑백 풍경 사진들이 액자에 걸려 있는데, 간혹 인물이 들어 있는 사진도 있었다. 카페 주인이 여행하며 취미로 찍었겠다고 짐작되는 사진들은 여러 곳의 풍경을 담고 있었다. 유럽의 몇몇 도시 사진은 도시 이름을 짐작할 수 있을 것 같았다.

오늘따라 세훈을 기다리는 시간이 길게 느껴졌다. 미리 약속한 것도 아니었고 불쑥 전화해 나와 달라고 했으니 기다리는 게 당연하다. 아직 머릿속이 시끄럽고 진정되지 않았다는 뜻이다.

예주 생각을 하지 않기 위해 부러 사진들을 유심히 관찰했다. 간혹 인물이 등장하기도 했는데, 얼굴을 제대로 볼 수 있는 사진은 없었다. 얼굴이 모자에 반 이상 가려져 있거나, 뒷모습이거나, 그림자만 등장하거나, 손 하나만 덜렁 찍혀 있었다. 좀 더 자세히 들여다보니 그 인물이 여자라는 것, 게다가 같은 사람이라는 것을 알 수 있었다. 수도 없이 드나들며 술을 마셨지만 이제야 발견했다.

누군가를 기다리고 그리워한다는 것. 놈의 주인은 알고 있다.

다리가 불편한 주인을 굳이 부르지 않고 그가 서 있는 바로 걸어가 버드와이저 한 병을 시켰다. 버드와이저란 말에 그가 내 얼굴을 잠시 살폈다. 내 삶에 무언가 파동이 일고 있음을 감지한 것이다. 거품과 함께 좀 더 부드럽게 목을 타고 내려간다, 고 생각하면 착각일까? 맛에 민감한 미식가도 아니고, 블라인드 테스트를 한다면 나는 늘 마시던 칼스버그조차 가려내지 못할 것이다. 맛과 향과 거품의 감촉 모두가 머릿속에서 만들어 낸 이미지에 지나지 않을 테지만, 그저 늘 마시던 칼스버그가 아니란 점에서 코와 혀와 목구멍이 떨렸다. 혼자 중얼거렸다.

"뭔가 변화가 필요해."

멍하게 있는 내 눈앞에 무언가 왔다 갔다 한다 싶어 정신을 차려보니, 세훈이 어느샌가 내 앞자리에 앉아서 오른손을 내 눈앞에 흔들어 대고 있었다.

"웬 똥폼을 잡고 계셔?"

세훈의 목소리가 좀 컸는지 대각선 방향의 남녀가 일제히 고개를 돌려 우리 쪽을 바라보았다.

"얌마, 목소리 좀 낮춰. 신부 새끼가 말투가 그래 갖고 성도들이 모이겠냐?"

타박을 주곤 있지만 세훈이 30년 지기인 내 앞에서만 그런다는 걸 누구보다 잘 안다. 보통 나를 만날 때는 사복 차림으로 나오던 세훈이 오늘은 로만 칼라에 검정 클러지 셔츠를 입고 있는 걸로 보아 옷을 갈아입을 새도 없이 급하게 나온 모양이다. 가톨릭 신자가 아니라 미사에 참석해 본 적도 없고, 세훈이 시무하는 성당에 들어가 본 적도 없어, 독신의 정결을 상징하는 흰색 로만 칼라를 착용하고 있는 세훈의 모습이 낯설었다. 어쨌거나 세훈의 하얀 피부와 오뚝한 콧날이 하얀 로만 칼라와 잘 어울려 영화 속에서 보던 천주교 사제의 모습 같기는 했다. 하지만 내게는 여전히 어린 시절 세훈의 모습이 강하게 남아 있어, 하느님과 교회에 봉사하기 위해 세속에서 죽었다는 의미인 검은색의 긴 수단을 입은 세훈의 모습이 잘 그려지지 않았다.

"왜 갑자기 버드야? 지혜 씨는 잘 있고?"

미묘한 변화를 감지한 세훈이 아내의 안부부터 물었다.

"잘 있겠지. 독실한 크리스천 아니냐? 매일 교회로 출근하는데 잘 돌봐 주시겠지."

나도 모르게 애꿎은 아내를 비아냥거렸다.

"싸웠냐?"

내가 마시던 버드와이저를 가져가 한 모금 마시며 세훈이 물었다.

중학교 때 어른들 몰래 처음으로 술을 마신 것도 세훈과 함께였다. 몸을 못 가눌 정도로 고주망태가 되도록 마신 적은 평생 손에 꼽을 정도인데 그때마다 세훈이 함께 있었다. 주량이 많지 않은 나로서는 세훈과 함께 있을 때 외에는 과음하는 일이 없고, 주량이 나보다 훨씬 센 세훈은 내 앞에서 말은 '인마 전마' 해도 신부가 된 이후로는 맥주 한두 병 이상 과음하는 일이 단 한 번도 없었다. 세훈의 로만 칼라가 아직은 낯설지만, 세훈이야말로 가톨릭 사제로 타고난 게 아닌가 하는 생각이 들 때가 종종 있다.

"가톨릭 신도 아니면 고해성사 안 받아 주냐?"

내가 농담처럼 던진 말에 대꾸하지 않았지만, 세훈은 이미 귀를 기울여 들을 준비를 갖추고 있다. 그의 검정 클러지 셔츠 때문인지 내가 정말 고해성사라도 하기 위해 앉아 있는 죄인처럼 느껴졌다. 세훈의 눈을 바로 바라보지 못하고 고개를 떨구었다.

"요즘 내 맘을 시끄럽게 하는 여자애가 하나 있다. 잔잔하던 호수에 작은 돌멩이 하나 던져진 것처럼……."

버드와이저 병에 붙은 상표를 손톱으로 신경질적으로 긁어 내며 말을 꺼냈다. 잠시 눈을 들어 세훈을 보니 돌멩이를 던져도 파문 하나 일지 않을 잔잔한 호수 같은 눈을 하고 있었다.

예주가 갑자기 내 방에 불쑥 찾아와 상담해 달라고 조른 일과 어려서 아버지에게 성폭행을 당해 남자를 멀리하며 여자를 사귀게 된 사연 등을 두서없이 얘기했다. 세훈이라면 비밀이 새어 나갈 염려가 절대 없겠지만, 내담자와의 상담 내용을 밖에서 얘기해 프로페셔널 스탠더드를 어기는 것에 대한 자책감에 예주의 이름만은 밝히지 않았다. 하지만 그 모든 것이 무색하게도 예주의 외모에 대해 장황하게 묘사하면서 나도 모르게 잔뜩 들뜨고 말았다.

버드와이저 병에 붙어 있던 상표가 조각조각 뜯겨 테이블 위에 쌓였다. 주인을 불러 버드와이저 한 병을 더 시키자, 주인이 차가운 새 병을 갖다주며 테이블 위를 한 번 훔쳐 주었다.

"오늘 걔가 상담을 펑크 냈는데 꼭 바람맞은 기분이야. 걱정도 되고. 다신 안 나타날까 두렵기도 하고."

나도 모르게 다시 새 버드와이저 병의 상표를 손톱으로 긁어 뜯었다.

"너의 여신이 재림하신 건 아니냐?"

세훈이 농담처럼 질문을 던지며 의자 등받이에 등을 기댔다. 본격적으로 나를 관찰하려는 모양이다.

아내와 결혼을 결심하며 폭탄주를 들이붓던 그 밤 이후 세훈이나 나나 그녀 얘기를 꺼낸 적이 한 번도 없었다. 세훈의 질문에 금기를 깨뜨린 것처럼 가슴이 방망이질 치기 시작했다.

예주가 그녀와 닮았을까. 머리가 긴 여학생은 세상에 널려 있다. 아픈 과거에도 불구하고 밝게 웃는 장난기 많은 예주와 굳게 다문 입술을 잘 열지 않고 늘 어두워 보였던 그녀는 닮은 구석이 거의 없다. 솔직히 이젠 그녀의 모습을 떠올려 보려 해도 아련하기만 하다. 오랜 세월 닳고 닳은 내 기억을 신뢰할 수 없기도 하지만, 기억을 제대로 복원한다 해도 내가 그녀를 잘 안다고 할 수 있을까. 만남이 짧았던 탓도 있지만 굳게 다문 그녀의 입술 뒤에 숨어 있는 그녀의 어두운 영혼을 훔쳐보면서 내 맘껏 상상하고, 내가 보고 싶은 대로 투사해 나만의 그녀를 만들어 온 탓도 있었다. 길고 짙은 속눈썹을 아래로 드리우고 아랫입술을 잘근거리던 그녀는 그야말로 하얀 도화지였다. 그녀는 내 질문에 단 한 번도 속 시원히 대답해 준 적이 없다. 어쩌면 내가 나만의 그녀를 그려 주기를 바랐는지도 몰랐다.

아무것도 묻지 않고 그저 가만히 기다리기만 하는 텅 빈 그녀의 얼굴은 무엇이든 꿈꿀 수 있고, 무엇이든 그릴 수 있는 무한한 가능성의 얼굴이자 한계 없는 얼굴이었다. 그녀는 자기 자신을 나의 온갖 상상을 자극하는 페티시(Fetish)로 만드는 능력이 있었다. 나 스스로 그 안에 생기를 불어넣어 감정적인 반응을 불러일으키는 페티시.

모든 생각이 다 부질없다. 난 그녀를 모른다. 내가 아는 그녀는 신기루처럼 사라져 버렸다.

'미완성 과제에 대한 기억이 완성 과제에 대한 기억보다 더 강하게 남는다.'

자이가르니크 효과(Zeigarnik Effect)라고 간단히 명명해 버리면 이렇게 큰 의미를 부여하지 않고 간단히 마음 접을 수 있을 텐데……. 열중하던 것을 도중에 멈추게 되면 머릿속에 계속해서 남아 있는 일을 하려는 동기가 강하게 작용해 정신적 강박이 형성된다. 미련이 남고, 결국 그것이 인상 깊게 뇌리에 박힌다. 이루지 못한 첫사랑이 오래 기억되는 것도 자이가르니크 효과 때문이다. 그녀는 그 흔한 이별의 절차도 없이, 아니 헤어질 거라는 털끝만큼의 암시도 주지 않고 연기처럼 사라져 버렸다. 자이가르니크가 얘기했던 미완성 과제로 인한 심리적 긴장이 극에 달할 수밖에 없었다. 설명은 간단하지만, 그녀에 대한 내 그리움을 어떻게 미완성 과제로 인한 심리적 긴장이라고 이름 붙일 수 있겠는가.

잘 떨어지지 않는 상표의 남은 조각을 발작적으로 긁다가 기어이 병을 쓰러뜨리고 말았다. 조금 남아 있던 버드와이저가 테이블 위로 쏟아졌다. 예감이 좋지 않다.

오랜 시간 동안 감정의 소용돌이 없이 모든 것이 잘 정돈되고 절제되어 있었는데, 나답지 않은 짜증이다. 예주를 내 삶에서 제거하고 싶지만, '코끼리는 생각하지 마*!' 하고 외칠수록 머릿속엔 코끼리만 가득 차게 되는 법. 어느새 나는 다음 주에 과연 예주가 나타날까, 안 나타날까, 만 생각하고 있다.

"그만 가자."

벌떡 자리에서 일어나는 나를 바라보는 세훈의 눈빛에는 여전히 동요가 없다. 세훈이 입고 있는 클러지 셔츠의 검은색이 상징하듯 내가 아는 세훈은 이미 죽고 유스티노 신부만 내 앞에 남아 있다.

"이주한! 한지혜 잘해 줘라. 두 지혜는 잃었지만."

세훈이 농담이라고 던진 말이 그를 쓸쓸해 보이게 했다.

"새끼, 실없기는. 잘 가라."

한지혜는 아내 이름이고, 두 지혜는 세훈이 열여섯에 좋아했던 이지혜를 제 딴에 농담으로 표현해 부른 것이다. 세훈의 첫사랑이자 마지막 사랑이고, 세훈을 유스티노 신부로 만든 이가 바로 이지혜다. 내 또래 친구들을 통틀어 모든 게 가장 빨랐던 세훈. 덕분에 나는 술도 담배도 세훈에게 배웠고, 그의 연애담을 들으며 가슴 설레는 것으로 대리만족하며 중고등학교 시절을 보냈다.

* 조지 레이코프의 책 『코끼리는 생각하지 마』의 제목. 코끼리를 생각하지 말라고 하면 더 코끼리 생각에서 벗어날 수 없게 됨. 프레임 재구성이 변화의 도구라고 주장.

처음에는 호기심으로 시작했던 이지혜와의 사랑이 점점 진지해지더니 급기야 세훈은 자신의 순정과 동정을 바치기에 이르렀다. 이지혜와의 사랑에서 허우적거리고 있던 세훈을 충격에 빠뜨린 건 이지혜가 유부녀라는 사실을 알게 되어서가 아니었다. 세훈에게 마지막 일격을 가한 건 이지혜가 자신의 지루한 일상에서 벗어나기 위해 세훈을 이용했다고 고백한 것이었다. 나이 차이든 뭐든 사랑으로 다 극복할 수 있다고 순진하게 믿었던 세훈은 이지혜의 그 한마디에 깊고 어두운 심연으로 침잠하고 말았다.

"나 신부 될 거다."

아무 말도, 아무것도 하지 않고 깊은 바닷속을 부유하던 세훈이 몇 달 만에 불쑥 던진 첫마디였다. 어쩌면 이지혜는 아무도 알아보지 못했고 상상조차 못했던, 세훈의 본모습을 끌어내 준 장본인인지 모른다. 그럴 의도나 계획은 전혀 없었겠지만.

금기시되던 일들이 하룻저녁에 모두 깨져 버렸다. 그녀가 우리 화제에 언급되지 않은 게 10년이라면 이지혜란 이름을 세훈의 입에서 들은 건 20년도 더 된 일이다. 이제 50대가 되었을 여인의 이름을 '이지혜'하고 부르는 것도 사실 뭣하다.

세훈을 보내고 뜨거워진 머리를 식힐 겸 조금 걸었다. 그녀와 함께 걷던 그 거리를. 내가 그리워하는 이는 그녀인가, 아니면 예주인가.

죽음의 그림자

그녀와 만났던 석 달의 시간은 하필 화염병과 최루탄이 분주히 오가던 시기였다. 그녀를 처음 만난 지 열흘 정도 지났을까. 나보다 겨우 한 살 어린 새내기 대학생이 시위 도중 달아나다 경찰이 휘두르는 쇠 파이프에 머리를 맞아 죽는 사건이 일어났다. '백주에 경찰이 학생을 때려 죽였다.'며 바로 다음 날 만여 명의 학생들이 Y대에 모이고, 명동은 다시 최루탄으로 뒤덮였다. 2, 3일에 한 명씩 전국 각지에서 젊은 청춘들이 자신의 몸에 불을 질러 목숨을 던졌다. 자신의 목숨을 초개같이 던지며 제발 들어 달라고 외치는 젊음이 스러져 가는 것을 안타까워하며 거리로 뛰쳐나가는 대학생들도 있었다. 대부분의 학생은 그들을 외면하지도 못하고, 그렇다고 뛰쳐나가지도 못한 채 불편하고 모욕적인 일상생활을 해 나갔다.

평생 그해 봄만큼 가슴이 뜨거워 본 적은 없었다. 하지만 난 그 어떤 시위 대열에도 참여하지 않았고, 대부분의 대학생처럼 수업을 듣고 열심히 짬을 내어 그녀를 만났다. 불심검문에서 걸릴 소지가 있는 '유물론' 부류의 책이나 '말' 같은 잡지를 가방에서 빼 버렸다. 학회나 일부 운동권 학생들의 모임에도 일절 참석하지 않자, 몇몇 선배들에게 겁쟁이 취급을 받으며 손가락질당했다. 아무렇지도 않았다.

그녀와 함께 있으면 뜨거운 화염병 불길과 최루탄의 매캐한 냄새 대신 풋풋하고 상쾌한 꽃향기를 맡을 수 있었다. 방망이질 치는 뜨거운 내 가슴은 죽음과 폭력을 갈구하는 것이 아니라 생명과 사랑을 갈구하는 것이라고 자위하기도 했다. 이미 거리를 떠도는 죽음의 그림자보다 더 깊고 어두운 그늘이 그녀에게 드리워져 있었다는 걸 그때는 알지 못했다. 그녀를 떠나보내기 전에는 그 그늘의 깊이를 짐작도 할 수 없었다.

어디에선가 또 누군가가 자기 몸에 불을 질렀을지도 모르는 어느 날, 그녀와 난 양쪽으로 작은 소나무들이 가지런히 줄 서 있는 산책길을 조용히 걸었다. 이미 어둑어둑해진 탓인지 청각과 후각이 활짝 열렸다. 고르게 들이쉬고 내쉬는 그녀의 숨소리와 또각또각 가벼운 그녀의 구두 소리가 귓가에 또렷이 들렸다. 솔향이 코끝을 간질였다. 속도를 늦추고 잠시 눈을 감고 걸었다. 왼쪽 어깨에 살짝 닿는 그녀의 머리카락과 약간의 거리를 두고도 느껴지는 따스한 체온, 여린 꽃잎 같은 싱그러운 향기. 그대로 눈을 감고 생명의 에너지를 조용히 빨아들였다.

'살고 싶다.'

감기조차 걸리지 않던 건강한 몸에, 자신을 죽음의 위협에 내몰아 본 적도 없이 누군가의 죽음을 애써 외면하며 충만한 고요와 평온을 누리고 있던 그 순간에 머리를 스친 생각이 '살고 싶다'라니.

'살고 싶다.'

다시 한번 강렬하게 내 안에서 끓어오르는 삶에 대한 욕구를 억제하기 위해 걸음을 늦춰 보았지만, 도저히 주체할 수 없어 걸음을 멈추었다. 그녀의 두 팔을 끌어당겼다. 금방이라도 톡 부러질 것 같은 가녀린 팔이었다. 그녀의 가슴이 내 가슴에 닿자, 그녀의 몸을 있는 힘껏 끌어안았다. 터뜨려 버리기라도 하려는 것처럼. 그녀의 뜨거운 숨이 목덜미에서 느껴졌다. 가슴 한편 조그만 구멍에서는 여전히 찬바람이 스며들었다.

'살고 싶다.' '살고 싶다.' '살고 싶다.'

그녀의 입술을 더듬었다. 작은 얼굴을 두 손으로 움켜쥐었다. 있는 힘껏 그녀를 빨아들였다. 그녀의 에너지를 빨아들여야만 겨우 살아날 수 있을 것만 같았다.

'살고 싶다.'

지나가는 사람들이 있을 법도 한데 눈을 감자 모든 풍경이 사라지고 하얀빛만 충만했다. 굶주린 아기가 살기 위해 엄마 젖을 빨듯 그렇게 그녀를 빨아들였다. 그녀 입술에 피가 맺혔다.

얼마의 시간이 지난 걸까. 그녀와 나는 길가 보도블록에 걸터앉았다. 주머니에서 손수건을 꺼내 피를 닦아 주려 하자, 그녀는 얼굴을 피하더니 손수건을 받아 쥐고 직접 닦아 냈다. 손수건이 입술에 닿을 때 그녀는 움찔했다. 그녀는 다 닦은 뒤에도 돌려주지 않고 손수건을 계속 쥐고 있었다.

여린 꽃잎 같은 그녀에게 도대체 무슨 짓을 한 건가. 첫 키스였는데, 부드럽고 달콤하게 어루만질 수 있었다면 좋았을 것을. 이미 한바탕 폭풍이 휩쓸고 지나갔고, 그녀의 입술에는 상처만 남았다. 가슴속 찬바람이 들던 구멍은 힘껏 빨아들인 그녀의 타액으로 메워져 잠잠해졌다.

"오늘은 꼭 데려다주고 싶어."

한결 가까워진 기분에 그녀의 손을 잡아끌었다.

"혼자 갈래."

그녀는 일말의 망설임도 없이 단번에 거절했다. 그녀를 힘껏 빨아들인 후 이젠 그녀가 내 안에, 내가 그녀 안에 있다고 확신했는데 아직도 난 그녀 안의 문을 다 열지 못했던 것일까.

"가자."

그녀는 잠시 혼란스러워하는 내 팔에 팔짱을 끼며 경쾌하게 걸음을 내디뎠다. 꿈꾸듯 반짝거리는 그녀의 눈빛은 내 안에서 끊임없이 솟아오르던 의심을 단번에 날려 버렸다. 왜 그녀는 단 한 번도 내가 집까지 데려다주도록 허락하지 않았는지 물어보지 못했다.

그녀는 깊이를 알 수 없는 물이었다. 하지만 그 깊이를 내가 정할 수 있다는 근거 없는 자신감으로 항상 충만했다. 늘 비밀을 간직한 듯 그녀의 모호한 대답에 난 의문을 품지 않았고, 그 한계 없는 무한한 가능성의 공간을 사랑했다. 크기도 형체도 알 수 없는 그 무형의 공간에 내가 꿈꾸던 모든 이상의 결정체가 들어 있다고 믿었을 뿐. 하지만 그녀는 내 모든 꿈마저 그대로 안은 채 사라졌다. 그 해 봄은 한여름의 아스팔트처럼 뜨거웠고, 동시에 파충류의 피부처럼 소름 끼치게 차가웠다.

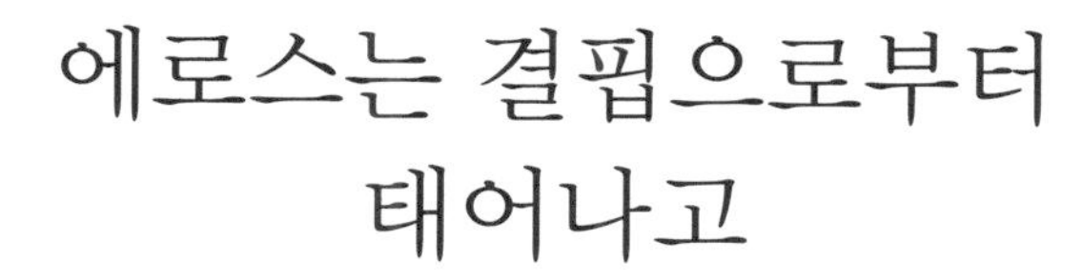
에로스는 결핍으로부터
태어나고

예주가 주인공으로 등장한 사이코드라마 공연을 본 직후, 걷고 또 걸었다. 팔랑거리는 가슴속의 나비를 잠재워야 했다. 차가운 밤공기에도 열기는 쉽게 가라앉지 않았다. 걷는 것 외에 달리 무엇을 해야 할지 알지 못한 채 걷고 또 걷다 보니, 놈 앞에 와 있었다.

자석에 이끌리듯 놈 안으로 끌려 들어갔다. 바에 혼자 앉아 위스키를 홀짝이는 중년 남자와 안쪽 테이블에 벽을 바라보며 나란히 앉아 있는 앳된 연인 한 쌍뿐이다. 얼굴이 보이는 것도 아닌데, 어쩜 저들이 앳된 한 쌍이란 걸 금방 알 수 있었을까. 젊음은 아무리 덮으려 해도 가릴 수 없는 빛이다.

세훈과 약속하지 않았으니, 오늘 밤 홀로 있어야 한다. 바에 앉아 저 머리 벗어진 중년 남자의 고독에 동참하기에는 아직 내 심장이 팝콘처럼 튀고 있었다. 젊은 연인 옆 테이블로 걸어갔다. 벽에 기댈 수 있는 쪽으로 가 그들과 대각선으로 마주 보이게 앉았다. 세훈과 내가 늘 앉던 '단골지정석'이다. 흥미를 끄는 연인을 눈에 띄게 바라볼 수는 없어 가방에서 책 한 권을 꺼내 들고 뒤적이는 척했다. 눈은 수시로 흘긋흘긋 그들을 관찰했다.

젊은 연인은 아이보리 색의 헐렁한 후드 티를 똑같이 맞춰 입었는데, 초록색 몸에 노란색 모자를 쓰고 모자에는 붉은 별이 달린 만화 캐릭터가 큼직하게 그려져 있었다. 이름을 알 수 없는 만화 캐릭터라니, 새삼 세대 차이가 느껴졌다. 여자는 핫팬츠, 남자는 헐렁한 청바지 차림이다. 찬찬히 보니 양쪽 귀에 자그마한 링 귀고리가 동그란 남자애의 얼굴에 잘 어울렸다. 내 시선 따위에 신경 쓰지 않는 그들은, 아마 내가 노골적으로 노려본다 해도 아랑곳하지 않았을 것이다. 그들 눈에는 나란 존재가 보이지 않을 테니까. 둘 이외의 모든 배경은 지워 버린 채 얼굴을 맞대고 뭔가를 속삭였다. 뭐가 그리 재미있는지 계속 깔깔거렸다. 링 귀고리 남자가 벌떡 일어나 바 쪽으로 가더니 주인에게 뭔가를 건네고 한참 얘기하다 자리로 돌아왔다.

빌리 홀리데이의 깊고 어두운 목소리가 끝없이 계속될 것 같더니 갑자기 '쿵짝' 하는 반주에 맞춰 남녀 듀엣 가수가 경쾌하게 주고받는 유행가가 흘러나왔다. 후드 티 연인의 신청곡. 처음 들어보는 노래였다. 가사가 유치하고 경박한데 나도 모르게 고개를 흔들며 흥얼거리고 있었다. 분명 사랑에 빠져 행복에 겨운 연인의 흥겨운 노래다. 가만히 있지 못하고 리듬에 맞춰 고개를 따라 흔들 수밖에 없는 노래인데, 이상하게 듣는 중에 왼쪽 가슴 한쪽이 꽉 눌린 듯 압통을 느꼈다. 옆 테이블 여자애의 빛나는 피부를 아내가 아무리 값비싼 화장품을 발라도 흉내 낼 수 없듯이, 옆 테이블 연인의 사랑에 취한 행복감을 내 것으로 만들 수 없다.

바에 앉아 있던 중년 남자는 노래가 2절로 들어가기 전에 자리에서 일어나 후드 티 연인을 흘깃 보더니 계산하고 카페를 나가 버렸다. 문을 빠져나가는 남자의 쓸쓸한 뒷모습을 보자 가슴팍의 통증이 더 심해졌다. 카페 주인이 바에 남겨진 위스키 잔을 치우고 내

자리로 주문을 받으러 왔을 때는 이미 신청곡이 끝나 있었다. 흥겨운 리듬은 사라지고 통증만 남았다.

"오늘도 버드로 드릴까요?"

내 눈치를 살피며 카페 주인이 물었다.

"오늘은……."

말끝을 흐리며 옆 테이블을 살짝 손가락으로 가리켰다. 눈치 빠른 카페 주인은 굳이 뒤를 돌아 확인하지 않았다.

"모히토 드릴까요?"

고개를 끄덕였다. 돌아서려는 카페 주인을 보고 다급히 테이블을 똑똑 두드리자, 그가 나를 보며 어깨를 으쓱해 보였다.

"방금 그 노래 뭐죠?"

나는 목소리를 낮춰 속삭이듯 물었다. 바로 돌아갔던 카페 주인이 라임과 민트를 채운 모히토 한 잔과 메모지 한 장을 내 테이블에 내려놓았다.

모히토는 걱정했던 것만큼 달지 않았다. 칵테일이라면 술맛도 느껴지지 않고 달기만 할 거라는 선입견이 있어 거의 마셔 본 적이 없었다. 아는 칵테일이라 해 봐야 미국 역사상 전무후무한 4선 대통령인 프랭클린 루스벨트가 좋아했다는 칵테일의 제왕 마티니 정도. 세훈에게 술을 배우던 중학교 시절, 어디서 주워들었는지 세훈이 분위기를 잡으며 "젓지 않고 흔들어서" 하는 루스벨트의 명대사를 흉내 내던 것이 기억났다. 아무도 젓지 않았는데 내 삶이 흔들려 잔 안의 칵테일처럼 회오리치고 있다.

오랜 시간 질서 정연한 삶을 유지하기 위해 노력해 왔고 불만도 없었다. 어느 순간부터 질서 정연한 삶이 더 이상 습관처럼 얻어지는 일상이 아니라, 그것을 유지하기 위해 매 순간 치열하게 분투해야만 얻을 수 있는 노획물처럼 되어 버렸다. 얼마 되지도 않은 싸움에 이미 지칠 대로 지쳐 버렸다. 티 하나 없이 깨끗한 줄 알았던 내 삶에 의심과 후회의 작은 반점들이 돋아나 삶을 야금야금 갉아먹기 시작했다.

다시 카페 주인의 취향대로 빌리 홀리데이의 깊고 감미로운 목소리가 카페 전체에 부드럽게 울려 퍼졌다. 삶의 아픔과 슬픔을 녹여 내는 목소리가 내 영혼을 휘감았다. 때때로 흥겹고 때때로 고통을 호소하는 듯 오랜 연륜을 느끼게 하는 여인의 목소리가 다른 곡을 부르기 시작했다. 귀에 익은 전주가 흐르자, 아까부터 왼쪽 가슴을 찍어 누르는 듯한 통증이 점점 강도를 더했다. 떠난 사랑을 그리워하며 통곡하듯 절절히 토해 내면서도 어쩔 수 없음에 절망하는 여인의 목소리. 내 것이 될 수 없는 것을 원한다는 건, 가슴에 통증만 남기는 일이다.

담배 생각이 간절했다. 정신없이 주머니와 가방을 뒤졌지만, 나올 리 없다. 담배를 끊은 후 몇 번의 고비가 있었지만 잘 참아 오고 있었다. 모히토 반 잔을 단숨에 들이켰지만, 타는 듯한 갈증과 함께 담배를 빨고 싶다는 강렬한 욕망이 저 밑바닥부터 끓어올랐다. 눈을 감고 열까지 센 뒤 도저히 견딜 수 없다고 생각해 카페 주인을 불러 담배를 주문하려는데, 문이 열리는 소리가 들렸다.

문을 열고 들어선 긴 머리가 카페 안을 돌아보는 데는 3초도 걸리지 않았다. 눈을 돌려 피하려 해도 좁은 놈 안엔 숨을 곳이 없었다.

"교수님!"

예주가 깜짝 놀란 듯 나를 부르며 총총 다가와 내 앞자리에 앉았다. 대답할 겨를도 없이 순식간에 일어난 일이었다.

"여긴 어쩐 일이세요?"

내가 묻고 싶은 질문을 예주가 먼저 했다. 정말 아무런 일도 없다는 듯 천진난만한 표정으로 묻는 예주의 얼굴을 대하자, 바보처럼 말문이 막혔다.

"여기 자주 오세요? 난 딱 한 번 와 봤는데."

예주의 얼굴이 뭔가에 홀린 듯 황홀했다. 시선은 나를 살짝 비켜 있었다.

"교수님 뒤에 걸려 있는 저 사진, 저거 보고 반해서 또 왔어요."

이곳 사진들이라면 이미 여러 번 보아 잘 알고 있었지만, 예주의 시선을 따라 뒤를 돌아보았다. 대부분 풍경을 찍은 사진 사이에 꽃을 찍은 사진 한 장. 그리고 그 꽃 위로 살짝 드리운 여자의 그림자 하나.

"그림자에도 표정이 있다는 게 너무 신기해요. 저 여자, 튕기고 마음 아프게도 했겠지만, 그래도 사진 찍고 있는 사람을 분명히 사랑하고 있어요."

확신에 찬 어조로 설명하는 내내 예주는 사진 속 그림자에서 시선을 떼지 못했다.

혼자 있는 동안, 마치 존재 자체를 부정하듯 내게 눈길 한번 주지 않던 후드 티 연인이 예주가 앉은 뒤부터는 계속 흘긋흘긋 우리 테이블을 훔쳐보고 있다. 모르긴 해도 귀도 쫑긋 세우고 있을 것이다.

"이거 내가 젤 좋아하는 칵테일인데."

엄청난 사실을 발견한 것처럼 예주는 목소리 톤까지 높아졌다. 처음이란 사실에 왜 주눅이 드는지 나도 모르게 몸을 움츠렸다. 예주가 카페 주인을 불러 모히토 한 잔을 시켰다.

"혼자 오신 거예요?"

호기심 가득한 예주의 커다란 눈동자를 보며 고개만 끄덕였다.

"저 친구 올 때까지 여기 앉아 있어도 되죠? 상담자랑 내담자가 같이 술 마셔도 되나?"

말끝을 흐리며 나를 바라보는 예주의 커다란 눈은 세 살배기 아기가 과자 하나를 달라고 조르며 엄마를 바라보는 눈 같다. 왼쪽 가슴의 통증이 다시 신호를 보냈다. 예주가 나를 만나러 여기 올 리 없다는 건 당연한 일인데도, 친구가 올 거란 말이 가슴을 찔렀다. 상담에 두 번이나 나타나지 않은 사실과 오늘 있었던 예주의 사이코드라마, 그리고 상담자와 내담자 간 지켜야 할 룰들이 머릿속에서 어지럽게 빙빙 돌았다.

"우연히 만났으니 자연스럽게."

내 얼굴의 미소가 예주 편에서 보면 분명 자연스럽지 않았을 것이다. 예주의 모히토가 나오고 예주의 리드로 건배했다. 서로를 바라보고 마주 앉는 건 처음이었다. 상담할 때는 주로 예주의 오른쪽 옆모습을 봐 왔다. 예주의 얼굴을 바로 보지 못하고 시선을 자꾸 떨구었다.

"교수님."

예주의 목소리에서 망설임이 묻어났다. 사이코드라마 무대 위에서의 예주 모습이 떠올라 심장이 뛰기 시작했다. 시선을 들어 예주를 바라보자, 이번에는 예주가 시선을 떨구고 잔을 두 손으로 만지작거렸다.

"아까 무대 위에서 했던 말……."

예주의 떨리는 목소리를 들을수록 심장 박동 속도가 빨라졌다. 예주의 말을 기다리는 동안 입안이 바싹 타들어 갔다. 마른침을 삼켰다.

"잊어 주세요."

예주는 한숨을 쉬듯 말을 내뱉었다.

"제가 한 말 모두 잊어 주세요. 물론 쉽지 않을 거란 건 알지만."

줄곧 모히토 잔만 바라보던 예주의 시선이 내 시선을 더듬어 찾았다. 그걸 알면서도 예주의 시선을 마주할 자신이 없었다. 예주의 마지막 말은 오히려 예주의 고백을 절대 잊지 못하게 될 거란 마법의 주문처럼 들렸다. 상담 중이라면 기계적으로라도 대답을 쉽게 찾을 수 있었을 것이다. 눈맞춤따위 두려워할 리 없었다. 하지만 상담 밖에서 마주 앉은 예주 앞에서, 나는 나 자신을 제대로 정의하지 못한 채 잔만 만지작거렸다.

나는 누구인가. 예주의 상담자, 예주가 다니는 학교의 교수, 아니면 예주의 고백을 받은 남자? 나는 누구이기를 바라는가. 아니 누구일 수 있는가.

손가락을 길게 뻗기만 하면 잔을 붙들고 있는 예주의 손등에 닿을 만큼 예주는 가까이 있었다. 오른쪽 집게손가락 끝이 들썩이다 멈칫거리더니 파르르 떨다 다시 멈추었다. 예주 왼손의 가늘고 긴 손가락 두 개가 앞으로 뻗어 나왔다. 손가락은 내 오른손 집게손가락 위를 천천히 두 번 작은 동그라미를 그리듯 어루만지고는 언제 그랬냐는 듯 제자리로 돌아갔다.

"추위에 떠는 아기 새 같아."

예주가 혼잣말처럼 중얼거리며 손가락에 말을 걸었다. 내 손가락이 예주의 말에 반응한 건지 이해할 수 없는 돌발 행동이 일어났다. 예주의 두 손이 내 손 안에 들어왔다. 따뜻하다. 미세한 떨림이 내 것인지 아니면 예주의 것인지 분간이 되지 않았다.

"교수님 손 너무 차갑다. 손이 찬 사람은 마음이 따뜻하다던데. 후훗."

아까부터 굳어 버린 내 혀는 도통 마법이 풀릴 줄 몰랐다. 예주의 휴대전화가 가방 속에서 요란하게 울렸다.

"나 아까부터 기다리고 있는데."

예주는 의자에 기대앉아 앞에 아무도 존재하지 않는 듯 통화에 집중했다.

"그래도 오늘 꼭 볼래. 보고 싶단 말이야. 내가 그리로 갈게. 지금 출발하면 안 늦어. 지금 간다."

전화를 끊자마자 예주는 가방부터 챙겼다.

"교수님, 지금 가 봐야 할 것 같아요."

황급히 일어서는 예주를 다급히 불렀다. 예주가 일어선 채로 커진 눈을 들어, 내 얼굴을 내려다보았다.

"다음 주 상담에는 빠지지 말라고."

심통 난 노인네 같은 말이 아닐 수 없다. 예주의 눈빛이 서늘해졌다. 경멸하듯 돌아섰던 예주가 다시 내게로 고개를 돌렸다.

"그럼 안녕히 계세요."

예주는 머리까지 90도로 꾸벅 숙이고는 돌아서 나갔다.

예주가 떠난 놈은 더 이상 좁은 공간이 아니었다. 넓고도 황량한 사막이 되었다. 조금 전까지 빠르게 뛰던 심장 박동이 이래도 살 수 있을까 싶을 만큼 느려졌다. 통증이 가슴을 죄어 왔다. 방금 예주의 따뜻한 손이 내 손 안에 있었다는 게 믿기지 않았다.

아내와 아들, 그리고 집을 떠올렸다. 갑자기 눈동자에 색 바랜 유리 렌즈라도 끼워 놓은 것처럼 내 주위의 모든 것이 생기를 잃고 시들해졌다. 벌레가 갉아 먹은 낙엽처럼 눈 밑이 거뭇거뭇한 기미로 얼룩진 아내의 얼굴. 윤기를 잃어 금방이라도 바스락 부서질 것 같은 아내의 갈색 머리. 음식 얼룩이 묻은 옷을 입고 아이가 남긴 과자 봉지를 들고 멍하니 어딘가를 바라보는 아내의 기름 묻은 손가락과 텅 빈 눈동자. 고개를 세차게 가로저었다. 아름다운 모습을 떠올려 보려고 애썼지만 주문에라도 걸린 듯 불가능하게 느껴졌다.

내 손 안에 잠시 들어왔던 신형 장난감은 내 것이 아님을, 내게

속한 장난감은 그저 낡고 오래된 것뿐임을 가슴에 못 박아 주고 예주는 떠났다. 예주는 오수빈에게 달려가고 있다. 나는 아내에게 돌아가야 한다.

사랑을 다룬 서양 최고(最古)의 고전, 플라톤의 『향연』에서 디오티마라는 창부가 소크라테스에게 에로스의 혈통을 설명한다. 사랑의 신 에로스의 아버지는 '기지' 혹은 '교활'이었고, 어머니는 '빈곤' 혹은 '결핍'이었다고. 에로스의 화살을 맞는 순간 고통이 시작되었고, 그 고통은 결핍을 깨닫는 것으로 시작되었다.

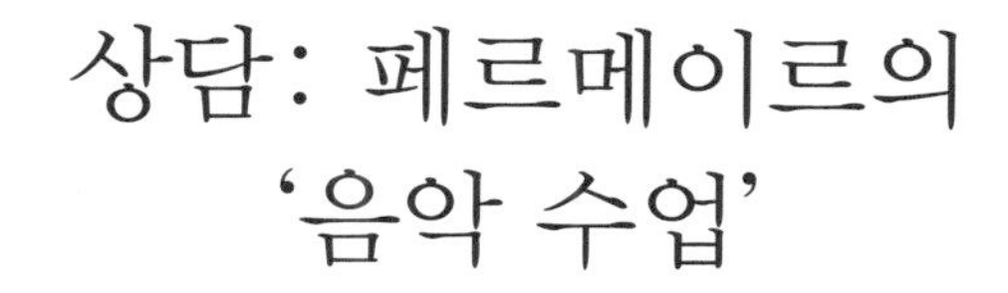

상담: 페르메이르의 '음악 수업'

예주가 3주 만에 돌아왔다. 10분 정도 늦긴 했지만, 상담 시간에 나타났다.

"예주가 두 번이나 상담에 나타나지 않았어. 그 이유를 얘기해 줄 수 있을까?"

예주는 몸에 딱 붙는 블랙 라이더 재킷에 같은 색 핫팬츠를 입고 군화처럼 보이는 워커를 신었다. 옷차림 때문인지 평소보다 강해 보였다. 미소가 사라진 예주의 표정 때문에 전체적인 인상이 차갑고 거칠게 느껴졌다. 재킷 안에 입은 티에 프린트된 매릴린 먼로의 커다란 얼굴만이 나를 보고 웃어 주었다.

예주는 자신의 인생에 있어 중요한 비밀을 상담 시간에 털어놓은 후 2주나 상담에 나타나지 않았다. 지난주에는 우연이지만 상담자인 나를 상담실 밖에서 만났다. 예주와 나, 모두 상담실 밖에서도 자연스럽게 만나고 인간적인 대화를 나누길 바라지만, 아무래도 상담실 밖에서는 상담실에서처럼 내담자에게 초점을 맞추어 절제할 수 없다. 상담실 밖에서 나눈 짧은 대화가 상담 시간 동안 논의되는 주제의 초점을 흐려, 상담자의 권위와 영향력을 손상했을 것이다.

특히 놈에서 예주의 손을 잡는 신체적 접촉을 한 건 분명 내 잘못이다. 내담자 자체를 거절하지는 않되, 잘못된 메시지를 전할 수 있는 신체적 접촉은 어떤 종류든 피해야 했다. 그 얘기를 꺼내 내 실수를 사과해야 할지, 아니면 아무 일도 없었던 척 지나가야 할지 갈등이 일었다. 상담에서 실수를 자주 하지도 않았지만, 작은 일이라도 깨닫게 되면 내담자 앞에서 실수를 인정하고 사과를 해 왔다. 내담자와의 신뢰 관계에 금이 가지 않도록 늘 통제해 오던 내가 나답지 않게 망설였다.

잘못을 인정하고 싶지 않은 자존심 때문이 아니라, 두려움 때문이었다. 화제를 끌어내는 순간 예주 얼굴에 떠올려질 표정과 입에서 나올 말이 두려웠다. 감정적인 '거리두기'가 충분히 되고 있지 않다는 증거다. 알면서도 이 순간만큼은 그 화제를 이끌어 갈 때 상담자의 역할을 제대로 할 자신이 없었다. 내가 모른 척 넘어간다면, 예주와 나 사이의 라포가 위협받을 수 있다. 예주가 내 모습을 가식적이라 여기고 더 이상 전문가로서의 권위를 인정하지 못할 때, 상담은 한 발짝도 더 나아가지 못할 것이다.

"지지난 주엔 갑자기 수빈 언니가 아프다고 하는 바람에 그랬고, 지난주엔 수빈 언니가 사이코드라만가 뭔가 공연 있는데 같이 가 보자고 해서."

내 쪽은 쳐다보지도 않고 대수롭지 않다는 듯 말하던 예주가 내게로 얼굴을 돌렸다.

"그래도 지난주엔 우리 만났잖아요."

예주의 시선과 마주치는 순간 움찔하며 시선을 피했다. 착각일 수 있겠지만, 예주의 시선에서 적의를 느꼈다. 말끝마다 '수빈, 수빈' 하며 예주의 관심과 사랑을 한 몸에 받는 오수빈에 대한 내 적의가 예주한테 투사된 것인지도 모른다.

'투사'는 의식 위로 떠올리기에 고통스럽고 두려운 감정을 다른 사람에게서 보는 미숙한 방어 기제다. 적의라는 내 감정을 예주의 것이라고 지각하는 유아기적인 방어 기제를 사용하다니. 아닌 게 아니라 오수빈이 언급되기만 하면 민감하게 반응하고 있었다. 창가에서 목격한 긴 머리 소녀들이 예주와 오수빈이라고 단정하고부터다. 혹시 나도 몰랐던 동성애에 대한 혐오 때문인가 합리화시켜 보지만, 예주에게는 적의가 생기지 않는 걸 설명할 방법이 없다. 아직 오수빈에 대한 내 적의에 어떤 이름을 붙이는 건 피하고 싶지만, 내 안에 그 적의가 존재한다는 건 인지하고 있어야 상담이 잘못된 길로 들어서는 걸 막을 수 있다.

"피치 못할 사정이 생기면 빠질 수도 있어. 하지만 상담 시간으로 우리가 정한 금요일 4시는 예주와 나의 약속이니까, 사정이 생겼을 때는 미리 연락해 주면 좋겠는데. 예주가 겪고 있는 어려움을 해결해 보려고 나를 찾아왔을 테고, 일주일에 한 시간이라는 상담 시간은 우리 둘이 그 어려움을 함께 잘 해결해 나가기 위한 소중한 기회니까 정말 어쩔 수 없는 상황이 아니라면 약속 시간을 꼭 지켜 주면 좋겠어."

예주는 소파에 등을 기대고 앉아 앞만 보고 있다. 핫팬츠 밑으로 곧게 뻗은 다리를 바라보다 더하지 않아도 될 말을 내뱉고 말았다.

"예주가 오지 않은 날 아무것도 못하고 기다렸어."

신기한 사실이라도 발견한 듯 예주가 내 쪽으로 얼굴을 돌렸다.

"저를 기다리셨어요?"

반신반의한 얼굴로 물었다.

"교수님은 내가 레즈비언이라 싫어하는 줄 알았는데."

여전히 내 얼굴을 뚫어지게 바라보며 대답을 기다리는 눈치다.

"기다렸어."

예주의 눈을 똑바로 응시하며 '애타게'란 말을 목구멍으로 삼켰다.

"예주가 여자 친구를 사귀는 걸 내가 싫어한다고 생각하는 것 같은데, 그 사실에 대해 난 어떤 판단도, 비난도 하지 않는 입장이야. 우리가 대화하는 중에 내가 비난하는 걸로 오해를 일으킬 만한 말이나 행동을 했다면 그 점은 지금 사과할게."

상담자답게 부드럽고 정중하게 사과했지만, 여전히 오수빈에 대한 설명할 수 없는 적개심이 다시 입을 열게 했다.

"그런데 예주가 스스로를 미리 단정하지 않았으면 좋겠어. 예주가 아버지와의 힘든 일을 겪지 않았다면, 지금 오수빈 대신 다른 사람과 다른 모습으로 사랑하고 있을 거라 생각해. 난 상담을 통해서 예주가 가장 예주다운 모습의 사랑을 찾을 수 있도록 돕고 싶어."

"후훗, 결국 수빈 언닌 안 된단 얘기네."

심각하게 듣던 예주가 웃음을 터뜨렸다.

"지난 주 사이코드라마 공연 무대에서 예주가 프로타로 등장해서 솔직히 좀 놀랐어. 많은 사람 앞에서 자기 얘기를 꺼내는 게 쉽지 않았을 것 같은데, 그날 어땠는지 얘기해 줄 수 있을까?"

"솔직히 사이코드라마가 뭔지도 모르고 갔어요. 사이코들이 출연하는 연극 같은 건 줄 알았는데. 그러고 보니 내가 그 사이코네요? 후훗."

웃음에 자조의 빛이 어렸다.

"앞에서 시키는 대로 하다 보니 무대 위까지 불려 올라가게 된 건데, '시몬과 페로' 그 그림 회상할 때는 정말 감정에 몰입했던 것 같아요. 아빠 생각이 나면서 울컥한 기분이 들었는데, 아마 무대에서 지시하던 그 사람이 좀 더 빠져들 수 있게 한두 마디만 던졌어도 그 많은 사람 앞에서 다 불었을지 몰라요."

예주의 입에서 가는 한숨이 새어 나왔다.

"교수님은 아시겠어요? 그 그림을 발견하고 제 기분이 어땠을지."

애원하는 듯한 예주의 시선에 잠시 할 말을 찾는 사이 예주가 다시 말을 이었다.

"살기 위해 필사적으로 딸의 가슴에 매달려 그 젖을 빨고 있는 노인. 사형 선고를 받았으니 어차피 죽을 목숨인데도 말이죠. 살기 위해 필사적으로 매달리는 그 몸부림을, 그 딸은 차마 볼 수 없어 고개를 돌렸을 거예요. 아빠를 볼 때 그런 기분이었거든요. 처음엔 충격이었고 이해할 수 없었지만, 아빠가 내 방을 찾는 횟수가 늘어갈수록 이상하게 아빠를 이해할 수 있을 것 같단 생각이 들었어요."

과거의 감정에 깊이 몰입해서인지 예주는 말하는 내내 무척 지쳐 보였다.

"아빠의 어떤 점이 그 노인과 비슷하다고 생각하는지 얘기해 줄 수 있을까?"

"물론 아빠는 굶주려서 당장 죽을 것 같은 그런 생존의 위협을 받는 건 아니었죠. 하지만 아빠는 그만큼, 아니 그 이상 절박했다고 생각해요. 아빠는 엄마를 정말 사랑했어요. 엄마는 그 사랑을 철저하게 무시했죠. 아빠한텐 엄마의 사랑이 절실했는데, 엄마는 그걸 알면서도 외면한 거예요. 아빠는 분명 살기 위해 필사적으로 사랑을 갈구했고, 엄마에게서 아무것도 얻지 못한 아빠는 손이 뒤로 묶인 무기력한 노인의 모습으로, 결국 그림 속 노인처럼 필사적으로 딸의 젖을 빨았다고 생각해요."

예주는 아버지 얘기를 하는 동안 어떤 성스러운 것에 대한 얘기라도 하듯 예배자의 표정을 하고 있었다.

너무나 많은 피해자가 자신에게 고통을 준 가해자를 미화한다. 타인에게 구박이나 폭행을 당하고도 자신의 잘못이라 생각하며 무조건 자신을 자책하는 '에듀퍼리먼 증후군'*도 그렇고, 자신을 볼모로 잡은 납치범에게 정신적으로 동화되어 인질범이 납치범에게 호감과 지지를 나타내는 '스톡홀름 증후군'도 그렇고. 어떤 강한 힘이 자신을 묶고 있을 때 생존을 위해 그 권력 주체에게 무의식적으로 동화되고 같은 편이 되려는 현상들인데, 고통에서 자신을 보호하려는 보호본능에서 나온 정신적 착오다.

'인지부조화이론'에 따르면, 사람은 자신의 태도와 행동 간에 모순이 존재할 때 이를 불쾌하게 여겨 감소시키려는 경향이 있다. 이런 모순을 줄이기 위해 태도나 행동을 바꿔야 하는데, 사람들은 이미 저질러진 행동보다는 보통 자신의 태도나 생각을 바꾼다. 예주

* 인터넷에서 찾을 수는 있으나 심리학/정신의학 연구에서 공식적으로 인정된 개념은 아니다.

역시 '아버지와의 성관계'라는 용납할 수 없는 행동으로 인한 고통을 줄이기 위해 아버지의 행위를 미화하고, 아버지를 위한 자신의 희생을 숭고한 것으로 바꾸어 고통을 줄이려고 몸부림치고 있다.

"예주 말대로 아빠는 그림 속의 노인처럼 당장 굶주려 죽게 될 그런 생존의 위협을 받고 있던 건 아니었는데. 예주가 아빠를 원망한 적은 정말 없을까?"

"없어요!"

너무나 단호한 대답이 오히려 슬프고 절망적으로 들렸다.

"물론 처음엔 너무 놀라고 무서웠지만, 아빠를 원망 안 해요. 죽도록 사랑하는 사람에게서 사랑받지 못하는 건 배고픔이나 굶주림 따위랑은 비교도 안 되는 거잖아요."

예주는 가슴에 한 손을 얹고 양미간을 찌푸렸다.

"원망한다면 엄마를 원망하죠."

예주는 두 주먹을 단단히 쥐고 부르르 떨었다.

"무대 위에서 가상의 엄마에게 얘기할 때 예주가 발까지 구르며 '복수할 거야!' 했던 말이 기억나는데, 그건 어떤 의미인지 말해 줄 수 있을까?"

정면을 향하던 예주의 시선이 내게로 돌아와 내 얼굴을 탐색했다.

"내 기억이 맞는다면 내 방에 처음 왔던 날에도 '눈에는 눈, 이에는 이'란 성경 구절을 인용했었는데, 그것도 예주가 무대 위에서 말한 복수랑 관계있는 건가?"

"후훗, 역시 교수님은 예리하시네요."

예주는 특유의 웃음을 웃다 다시 말을 이었다.

"사이코드라마 별거 아니라고 생각했었는데…… 막상 무대 위에서 가짜 엄마한테 막 퍼붓다 보니 나도 모르게 빠져들더라고요. 엄마랑 하나도 안 닮았는데, 진짜 엄마한테 그렇게 신나게 퍼붓는 것 같단 착각도 들었고. 암튼 연기에 빠져들다 보니 속에 있는 생각들이 막 삐져나오는 거예요. 후훗. 큰일 날 뻔했단 생각도 들어요."

예주가 내게 동의를 구하듯 살짝 미소를 보냈다.

"교수님이 연출했더라면 그 무대 위에서 눈물 콧물 다 쏟으며 별별 얘기를 다 했겠죠? 후훗. 그 연출 맡은 학생 저랑 동갑인가요?"

"그 학생은 3학년이야."

"교수님이 잘 가르쳐 주셔야겠어요. 다행히 그 3학년 언니가 빠져들고 있던 나를 정신 차리게 해 줘서 그 뒤로는 순 제 연기예요. 후훗. 교수님은 눈치채셨겠죠?"

예주 말에 동의하면서도, 내가 가르치는 학생이 부족하다는 말에 나도 모르게 방어적으로 되었다.

예주의 사이코드라마 후반부는 예주가 정제된 모습으로 연기한 무대에 지나지 않는다는 건 무대를 바라보는 내내 알고 있었다. 예주가 몰입하지 못하고 스스로를 검열하고 있음을 보고 오히려 가슴을 쓸어내리기도 했다. 단지 예주의 사이코드라마 무대에 갑작스럽고 엉뚱하게 삽입되었던 사랑 고백을 함께 싸잡아 거짓 연기로 치부하고 싶지 않았다. 하지만 놈에서 모두 잊어 달라고 부탁까지 한 예주 앞에서, 더구나 예주의 상담자인 내가 그 얘기를 끄집어내어 진실 여부를 확인할 수는 없는 노릇이다.

“전문가에 의해서 진행되는 사이코드라마라면 예주가 좀 더 몰입해서 자신에 대해 객관적으로 볼 수 있고, 의식하지 못했던 감정을 대면할 수 있었을 거야. 그렇게 하는 게 분명 도움이 되었을 거고. 하지만 학부생들이 하는 아마추어 모임인 데다 관객이 많은 공연 무대였으니, 예주가 적정한 선에서 절제한 건 솔직히 잘했다고 생각해. 어려움을 해결하기 위해 나와 함께 상담을 진행하고 있으니, 더 이상 사이코드라마나 다른 사람의 도움을 찾을 필요도 없을 것 같고.”

흠칫 놀라 말을 멈추었다. ‘나만이 도움을 줄 수 있는 유일한 사람’이라는 생각. 내담자에게 이끌리고 있음을 알려 주는 경고신호 중 하나다. 깜박 잠들었다가 깨어 입가에 고인 침을 닦는 사람처럼 얼른 상담의 흐트러진 매무새를 바로잡았다.

“얘기가 잠깐 다른 길로 샌 것 같은데, 아까 물었던 복수 얘기로 돌아가지. 누구에게 어떤 복수를 한다는 건지 얘기해 줄 수 있을까?”

“복수…… 해야죠.”

예주가 생각에 잠긴 듯 앉아 있었다. 오른손 엄지손가락을 입에 가져가더니 손톱 주위의 굳은살을 물어뜯기 시작했다. 골똘히 생각에 빠졌을 때 하는 버릇인지 손톱 주위가 여기저기 뜯겨 피가 맺힌 곳도 있었다. 가늘고 하얀 손이 상처 때문에 처연했다.

“엄마죠, 뭐. 다 엄마 때문이니까.”

예주가 아버지와 자신은 피해자며, 모든 일의 책임이 엄마에게 있다고 엄마를 원망한다는 건 두 번째 상담에서 이미 이야기한 바 있었다. 예주는 오늘도 엄마에 대한 원망과 미움을 한바탕 쏟아놓았다. 예주는 자신에게 직접적인 피해를 준 아버지보다 그런 아버지로부터 자신을 보호해 주지 못한 어머니를 더 용서하지 못하는 듯했다.

"미대를 안 간 것도 엄마 때문이에요. 그림을 얼마나 좋아하는데……."

소리를 버럭 지르고도 분이 안 풀렸는지 예주는 한참을 씩씩거리며 거칠게 숨을 몰아쉬었다.

"예주가 다른 어떤 얘기를 할 때보다 엄마 얘기를 할 때 화를 많이 내고 감정 컨트롤이 잘 안 되는 것으로 보이는데. 엄마의 어떤 점이 예주를 화나게 하지? 사이코드라마에서 얼핏 엄마 일기장을 봤단 얘기를 들은 것 같은데."

"일기장이요?"

예주의 눈이 동그랗게 커졌다.

"별 얘기를 다 했네, 정말. 연출가가 깨는 소리를 해서 마법이 풀리기 전에 튀어나왔나 보다. 후훗. 심리학과에서 최면술 같은 것도 배우나요? 이렇게 교수님하고 계속 얘기하다가 제 속에 있는 게 다 튀어나와 버리면 어떡해요. 또 고백 같은 거 해 버리고 그러면."

예주가 괜한 말을 했다는 듯 오른손으로 입을 가리더니 볼을 붉혔다.

"최면술 같은 건 없어. 예주가 상담자인 나를 믿지 못한다면 어쩔 수 없지만 우리 사이에 신뢰 관계가 형성되면, 상담에선 그걸 라포라고 하는데, 예주가 자기 안에 있는 많은 것을 나와 공유할 수 있게 되지. 내가 예주를 더 많이 공감할수록 그만큼 상담의 목표를 향해 나아갈 수 있게 되고."

차분한 목소리로 설명하는 내 마음속은 높은 파도가 쉼 없이 일렁였다. 높이 솟았다 스러지는 파도 중엔 당장 최면이라도 걸고 싶다는 유치한 생각도 들어 있었다.

"상담하다 보면 '전이'란 게 생길 수 있어. 말하자면 예주가 과거에 중요하게 생각했던 사람들에게 느꼈던 감정, 사고, 행동 유형 등이 상담 중에 상담자에게 그대로 전치되는 건데, 과거에 충족되지 못했던 욕구를 상담자를 통해 해결하려는 거야. 그게 아빠나 엄마일 수도 있고 다른 사람일 수도 있고, 상담이 진행되는 동안 변해서 상담자가 여러 사람의 역할을 할 수도 있어. 예주가 상담자인 나를 보면서 마치 아빠를 대하듯 비슷한 감정을 경험할 수 있단 얘기야. 상담이란 환경에선 누구에게나 일어날 수 있는 일이고, 앞으로 상담이 진행되면서 전이가 문제 해결에 도움이 될 수도 있는 거니까, 예주가 나에 대해서 어떤 감정이나 생각을 갖든 그것 때문에 걱정할 필요는 없어. 그게 어떤 거든 상담 시간에 나누다 보면 예주 자신도 전이의 정체를 '아하' 하고 깨닫게 되는 순간이 있을 거야."

전이는 상담 외의 환경에서도 종종 일어날 수 있지만, 상담 상황에서 전이는 특별한 명확성과 강도를 가지고 나타난다. 성격이나 개인적인 삶에 관한 정보가 거의 없는 백지 같은 상담자에게 비교적 오염되지 않은 내담자 자신의 환상을 그려 낼 수 있기 때문이다. 상담에서 불가피하게 일어나는 현상인 만큼 상담자가 편견 없이 현실적으로 객관성을 갖고 다뤄야 하는데, '역전이'가 일어난 것이다.

역전이는 전이가 일어나는 내담자에 대한 상담자의 무의식적 반응이다. 프로이트가 정신분석에서 가장 피해야 할 것으로 역전이를 꼽았을 만큼 상담에 방해가 되는 요소임이 틀림없다. 계속해서 역전이가 일어날 경우, 상담자의 감정 근원을 파악하기 위해 상담자에게 개인 분석이 필요하고, 매뉴얼대로라면 내담자를 다른 상담자에게 보내는 것이 좋다. 나는 예주와 나 사이에 일어나고 있는 전이와 역전이를 분명하게 인식하고 있고, 내 힘으로 컨트롤할 수 있다고 믿었다.

상담자는 치료 기계가 아니고 내담자와 같은 인간이다. 상담 역시 내담자와 상담자라는 인간과 인간의 만남으로, 상담의 결과는 그 두 사람의 관계에 좌우된다. 약물 치료, 전기 충격 요법, 자기장 요법 등 생물학적 치료는 차치하고라도, 내가 상담을 위해 그동안 적극적으로 배웠거나 최소한 책을 통해 대강을 알고 있는 심리 요법 수십 가지가 머릿속에서 다채로운 스펙트럼을 그리고 있다. 하지만 어떤 심리 요법이 어떤 결과를 가져온다고 본질적으로 얘기할 수 없는 한계가 있다.

결국 내담자의 변화를 추진하는 이는 상담자 자신이고, 내담자가 어떤 상담자를 선택해 만나느냐가 상담과 치료 목적을 달성하는

데 가장 중요하다. 내담자가 상담자를 만나 더 건강해진다기보다는 상담자와 더 비슷해진다고 말하는 것도 과언이 아니기에, 상담자는 항상 자신의 정서를 깨끗이 정돈할 필요가 있다.

상담이란 상담자와 내담자 두 사람이 만나, 관계를 통해 만들어 내는 한 편의 드라마다.

예주라는 상대를 만나 익숙하지 않은 감정의 동요를 겪고 있는 건 사실이지만, 내가 예주에게 일방적으로 끌려가는 일은 절대 없을 것이다. 어느 드라마에서나 흔히 볼 수 있듯 약간의 밀고 당김은 있겠지만, 단단히 닻을 내리고 정박한 내가 파도에 심하게 요동치고 있는 예주라는 돛단배를 내 옆에 단단히 붙들어 맬 것이다.

"교수님과 나는 영원히 이주한과 홍예주로 만날 수 없는 거군요."

잠잠히 설명을 듣던 예주가 천천히 입을 열었다.

"교수님은 나한테 아빠가 되었다, 엄마가 되었다, 또 그 누군가가 될 뿐…… 사이코드라마처럼."

예주의 목소리가 배터리 다 닳은 녹음기처럼 느릿느릿했다.

"사이코드라마에 나오던 그 사람들, 참 뭐라고 그러죠, 아빠 엄마 연기한 사람들?"

"보조 자아 말인가?"

"그 보조 자아들처럼 내 앞에 있는 교수님도 지금 연기 중이신가요?"

예주가 나를 뚫어지게 바라보았다.

"연기가 아니야. 난 진실한 한 사람의 모습으로 예주 앞에 있고,

예주에게 하는 말은 모두 진심이야."

나는 한 단어 한 단어 힘을 주어 말했다.

"인정하고 싶든 아니든 우리는 이미 한배를 탔고, 예주와 내가 서로에게 건네는 한 마디 한 마디가 서로의 삶에 영향을 주게 되어 있어. 이 배가 멋지게 목적지에 도착할 수 있도록 우리 두 사람이 서로 믿고 도와야지."

예주는 대답 없이 뭔가를 골똘히 생각했다. 또 오른손 엄지손톱 옆의 군살을 잘근잘근 씹었다.

"아까 '전이'에 대해 설명한 건 예주가 내게 갖는 어떤 감정이나 생각 때문에 혹시라도 느끼게 될 불편함이나 죄책감을 없애 주고 싶어서였어."

나도 모르게 중언부언 변명을 했다.

"무슨 감정이요?"

예주가 내게 고개를 돌리며 나를 쏘아보았다.

"예주의 감정은 예주가 더 잘 알 거고, 어떤 감정인지 내게 설명해 주면 좋겠는데……."

갑작스러운 질문에 더듬거리고 말았다.

"혼란스러워요."

예주는 두 손으로 머리를 감싸 쥐고 고개를 숙여 무릎에 댄 채 웅크린 자세로 한참 동안 움직이지 않았다. 내담자 앞에서 늘 당당하게 리드하던 내 모습은 어디로 갔는지 안절부절못한 채 아무 말도 못 하고 예주가 다시 입을 열기만 기다렸다.

"'전이'인지 뭔지, 그거 좋아요."

예주가 천천히 고개를 들고 헝클어진 머리매무새를 손으로 몇 번 쓸어 정돈했다. 양쪽 눈가에 반짝하며 작은 이슬이 맺혀 있었다.

"이제 정말 남자를 사랑할 수 있게 된 건가, 하고 잠깐 기뻤어요. 하지만 기쁨도 잠깐…… 곧바로 내 삶을 저주했어요. 행복한 가정을 이루고 있는 교수님은 솔직히 수빈 언니보다 더 말도 안 되는 상대잖아요."

예주는 동의를 구하듯 잠깐 내 눈을 바라보다 1초도 안 되어 시선을 돌렸다.

"근데 상담에선 원래 이런 감정이 생길 수도 있는 거라고 하니…… 마음이 편해지네요."

말을 마치고 한숨을 내쉬는 예주의 모습은 전혀 편해 보이지 않았다.

"잘됐어요."

예주가 갑자기 밝아진 듯 웃음을 꾸미며 입을 열었다.

"수빈 언니한테 좀 미안했었는데, 이제 다시 언니한테 충실할 수 있게 됐잖아요."

나를 바라보며 수줍은 듯 짓는 예주의 미소가 어딘가 모르게 애처롭게 느껴졌다. 예주는 손만 뻗으면 잡힐 거리에 홀로 앉아 있고, 연구실 안에는 어떤 다른 눈도 없다. 아버지의 폭력 속에서 자신의 상처를 핥으며 고독에 몸부림쳐 온 여리고 슬픈 사슴 한 마리가 사랑을 갈구하며 애처롭게 나를 바라보고 있었다. 손이 부르르 떨렸다. 있는 힘을 다해 긋고 있는 예주와 나 사이의 보이지 않는 선, 이 선을 넘어서는 안 된다.

금기는 항상 공포와 동시에 지극한 욕망을 불러일으킨다.

"선악을 알게 하는 나무의 열매는 먹지 말라 네가 먹는 날에는 반드시 죽으리라"* 하고 금하지 않았다면 하와는 에덴동산의 그 많고 많은 열매 중에 선악을 알게 하는 나무의 열매를 탐할 생각조차 하지 않았을 것이다. 바로 그 금지의 명령 때문에 그 나무의 열매가 '먹음직도 하고 보암직도 하고 지혜롭게 할 만큼 탐스럽기도' 한 것.

"내 말이 예주를 혼란스럽게 했다면 미안해."

내 목소리의 미세한 떨림을 예주에게 들킬까 두려웠다.

"우리 미리 단정 짓고 결론 내지는 않았으면 좋겠어. 상담이나 심리치료는 결코 단기간 안에 효과를 볼 수 없거든. 지금 예주가 느끼고 있는 감정을 좀 더 잘 들여다볼 수 있도록 우리 두 사람 모두에게 시간과 여유를 주었으면 해. 우리의 감정에 A다 B다 이름 붙이지 말자, 아직은."

잔뜩 힘을 준 '우리'란 단어가 귀에 들리자 당황스러웠다. '우리의 감정'이라니……. 상담자로서 내가 내린 닻은 정말 견고한 것일까? 어쩌면 예주는 배를 잘못 탔는지도 모른다. 부지런히 정서를 정돈하는 건강한 상담자의 견고하고 흔들림 없는 배에 탔더라면 좀 더 안전했을 텐데.

* 창세기 2:17 중

남은 상담 시간 내내 예주는 눈에 띄게 말수가 줄었고, 잘 웃지 않았다. 손톱 주위 군살을 잘근잘근 씹기를 몇 번 더 되풀이했다. 엄마에 대한 적대감과 불평에 대해 좀 더 나누기는 했지만, 일기장에 대해서는 끝내 입을 다물었다.

마지막으로 할 말이 있는지 물었지만, 예주는 고개만 가로저었다. 가방을 들고 문을 향해 힘없이 걸어가는 예주의 모습이 애처로워 배웅해 주기 위해 예주 뒤를 바짝 따라갔다. 문손잡이를 잡던 예주가 손잡이를 돌리지 않고 잠시 멈추었다. 예주가 홱 돌아서자 긴 머리가 나부끼며 내 팔을 스쳤다. 나도 모르게 잠시 눈을 감았다. 예주의 얼굴이 코앞에 와있다. 거칠게 숨을 쉰다면 콧김을 느낄 수 있을 만큼 가까이. 반 발짝만 예주 앞으로 내디딘다면 입술도 닿을 수 있을 만큼 가까운 거리이고, 두 팔을 벌린다면 예주가 품 안에 들어올 수 있는 거리.

반 발짝을 내디디지도, 그렇다고 뒤로 한 걸음 물러나지도 못하는 나.

뚫어지게 나를 바라보던 예주가 갑자기 눈을 스르르 감았다. 눈을 감은 채 내 코앞에 들이민 얼굴. 두 손안에 폭 들어올 것 같은 작고 하얀 얼굴. 속눈썹이 파르르 떨릴 때 그 파동이 일으키는 바람마저 느껴졌다. 가슴이 방망이질치고 온몸이 더워졌다. 몸을 움직이지 않기 위해 내가 가진 에너지 모두를 쏟았다. 손끝 하나라도 까딱했다가는 순식간에 선을 넘게 될 것이다. 실제론 1, 2분 남짓한 시간이었겠지만, 영원 같은 시간이 지나갔다.

"우리의 감정이란 게 뭘까 느껴 보고 싶었어요."

예주가 그제야 눈을 떴다.

"상담이 진행되는 동안 잘 지켜보라고 하셨잖아요. 후훗."

예주의 웃음소리에 어려운 시험에 통과해 기다리던 합격 통지서를 받은 것처럼 다리에 힘이 풀렸다. 긴장이 풀려 금방이라도 주저앉을 것만 같았다. 대답조차 못하고 간신히 몸을 지탱하고 서 있는데, 예주가 갑자기 가방을 뒤지더니 뭔가를 건넸다.

"선물이에요."

아무 일도 없었다는 듯 천진하게 웃는 예주의 표정에 남아 있던 에너지마저 방전되었다. 손끝 하나 움직이기 힘들었다. 간신히 손을 들어 예주가 건네는 선물을 받았다. 그림엽서다.

"페르메이르의 〈음악 수업〉이에요. 페르메이르 아시죠? 아마 〈진주 귀걸이를 한 소녀〉란 그림은 보신 적 있을 텐데."

자상한 미술 선생님이라도 된 듯 예주는 친절한 목소리로 설명했다. 어느새 어깨를 나란히 하고 예주와 나는 작은 엽서 안의 그림을 함께 들여다보았다.

"오른쪽 귀퉁이에 있는 이 그림 있죠? 반 이상 잘려서 알아보기 힘든 그림. 이 그림이 〈시몬과 페로〉예요."

아닌 게 아니라 그림 속의 〈시몬과 페로〉는 오른편이 거의 다 잘려 볼 수 있는 부분이라곤 두 손이 뒤로 묶여 옴짝달싹 못 하는 시몬의 모습뿐이었다. 그나마도 거의 다 잘려 〈시몬과 페로〉라는 정보를 주지 않았다면 시몬의 모습을 알아보지도 못했을 것이다. 왜

이 그림을 내게 주는지 묻고 싶었지만 묻지 않았다. 입술을 움직일 힘이 남아 있지 않았다는 것이 더 정확한 표현일 것이다. 아무 말 없이 그림을 들여다보고 있는 나를 남겨 놓고 예주는 문밖으로 사라졌다.

얼마를 더 그렇게 서 있었는지, 내 자리로 돌아와 보니 5시 14분. 10분은 족히 그렇게 혼자 조각 같이 서 있었단 얘기다. 많이 지친 탓에 허리를 꼿꼿이 세우고 앉아 있는 것도 힘들었다. 의자에 엉덩이를 깊숙이 밀어 넣고 등을 기대고 앉았다. 그림엽서를 뚫어져라 바라보았다.

그림 속 여인은 등을 돌린 채 버지널—피아노인 줄 알았지만 그림 밑에 제목이 '음악 수업–신사 곁에서 버지널을 연주하는 숙녀'라고 적혀 있다—을 연주하고 있었다. 그 옆에 남자는 뭔가를 말할 듯 말 듯 입을 살짝 벌린 채 여인을 바라보며 서 있다. 도무지 의미를 알 수 없는 알쏭달쏭한 그림. 〈시몬과 페로〉를 보여 주고 싶었다면 이 그림 대신 루벤스의 〈시몬과 페로〉 그림이 그려진 엽서를 주었을 텐데. 정적인 그림인데도 뭔가 팽팽한 긴장감이 느껴졌다. 바닥에 마름모꼴이 그려진 기하학적 패턴마저 한 치의 오차 없이 가지런해 바로크 음악을 연상시켰다.

뭔가 이상하다.

순간 버지널을 연주하는 여인 앞 벽에 걸려 있는 거울이 눈에 들어왔다. 거울은 여인의 앞모습을 비추고 있는데 거울 속 여인의 얼굴이 남자 쪽으로 살짝 돌려져 있었다. 똑바로 건반만 내려다보고 버지널을 연주하고 있는 여인의 뒷모습을 볼 때 현실적으로는 불가능한 자세다. 절제를 요구하는 상황에서 거울만이 여인의 속마음을 대변해 주는지도 모른다.

그림을 다시 보니 숨 막히도록 정제된 그림의 상황에서 연인과 남자는 손이 뒤로 묶인 시몬과 다를 바 없었다. 예주의 얼굴을 코앞에 두고 있을 때 느꼈던 팽팽한 긴장감이 온몸에 되살아났다. 내부에서 분출하고자 하는 뜨거운 열망과 차가운 절제가 팽팽하게 대립하는 긴장감.

무심코 그림엽서를 뒤집어 보았다. 손으로 또박또박 쓴 단정한 글씨가 보였다.

'뒤에 깊고 불안한 밤이 도사리고 있을수록, 그 어두운 밤으로부터 사랑이라는 꽃이 피어나는 법이다. -키르케고르'

〈음악 수업(The Music Lesson–A Lady at the Virginals with a Gentleman)〉

작가: 요하네스 페르메이르(Johannes Vermeer, 1632~1675)

제작 시기: 1662~1665년경

**작품 설명

〈음악 수업〉은 페르메이르 특유의 정밀한 구성과 빛의 묘사가 돋보이는 작품으로, 음악과 교류를 통한 우아한 사회적 분위기를 표현한다. 중심에는 비올라 다 감바와 버지널이 놓여 있고, 한 여인이 버지널을 연주하며 남성이 이를 지켜보는 모습이 담겨 있다. 버지널 덮개에는 '음악은 사랑의 동반자(Musica Laetitiae Comes Medicina Dolorum)'라는 라틴 문구가 새겨져 있어 음악이 교감과 치유의 매개체임을 상징적으로 보여 준다.

깊고 불안한 밤들

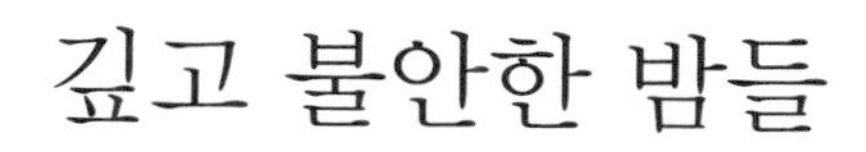

요즘 들어 부쩍 첫 손님으로 놈을 찾는 일이 늘었다. 카페 주인이 문을 열고 내 얼굴을 흘긋 보더니 나를 안으로 들였다. 새벽녘까지 계속되었을 주말 장사의 피곤함이 덕지덕지 붙은 부스스한 모습이었다. 한 시간쯤은 더 있다가 문을 열어도 그만일 텐데, 내 얼굴이 애처롭게 보였는지 순순히 문을 열어 주었다. 그도 그럴 것이 아내가 차려 놓은 아침상을 건드리지도 않고 바로 집을 나온 후 학교에 처박혀 있다 늦은 오후가 되어서야 이렇게 밖으로 기어 나왔다. 아마도 내 얼굴에서 카페 주인 못지않은 피곤과 부스스함이 엿보였을 것이다.

늘 앉는 구석으로 가서 벽을 등지고 앉았다. 술도 술이지만 하루 종일 햄버거 하나로 때운 뱃속에서 음식을 넣어 달라고 아우성쳤다. 주인 혼자 조그맣게 운영하는 카페에서 요기가 될 만한 안주를 메뉴에서 본 기억도 없지만, 있다고 해도 잠도 덜 깬 카페 주인에게 음식을 하라고 요구하는 것 자체가 무리란 생각이 들었다. 카페 주인이 다가왔다. 손에 메뉴가 들려 있지 않았다.

"해장국 하나 시켜 먹으려는데, 같이 드실래요?"

일요일 오후 집에서 아내가 해 주는 밥을 편히 얻어먹지 못하는 신세끼리 느끼는 동질감 같은 것 때문이었을까. 사연이야 어찌 됐든 이 조그만 땅굴 외에는 갈 곳이 없는 외로운 영혼들 아닌가.

숟가락이 그릇에 부딪히는 소리와 후루룩하며 국물이 목구멍으로 넘어가는 소리만 들렸다. 해장국 두 그릇을 탁자에 놓고 마주 앉은 카페 주인과 나. 간만에 느껴 보는 침묵의 평안함. 뭔가를 이야기해야 한다는 부담감 같은 게 이상하게 느껴지지 않았다.

유행에 절대 뒤떨어지지 않는 헤어스타일과 옷차림으로 나보다 최소한 열 살은 어리다고 생각해 왔는데, 카페 주인의 얼굴을 찬찬히 보니 눈가의 잔주름 등 세월의 흔적이 보였다.

따뜻한 국물이 들어가자, 뱃속에선 슬슬 평화가 찾아왔다. 뱃속의 아우성이 잦아들자 먹는 속도가 느려졌다. 자연스럽게 말도 건넬 수 있었다.

"지난번에 우리 학교 학생 하나가 사진 보고 감탄하던데요. 그림자의 표정까지 잡아냈다고. 혹시 사진 전공하셨습니까?"

"그냥 취미로 좀 찍었습니다."

해장국을 3분의 2쯤 먹어 치운 카페 주인은 그런대로 배가 찼는지 숟가락을 내려놓고 머리를 긁적였다.

"아버지 사업이 부도나기 전에는 한량이었어요. 카메라 메고 이 나라 저 나라 여행하며 사진이나 찍고, 그렇게 흘러 다니는."

"사진 속에 계속 등장하는 여자분은 애인인가요?"

무례한 질문인지 알면서도 직감이 말해 주는 대로 카페 주인과 나 사이의 라포에 대해 자신하며 똑바로 그를 응시했다. 카페 주인은 고개를 들어 내 얼굴에서 뭔가를 찾는 듯 바라보았다.

"그런 셈이죠. 사랑한단 말 한 번 못 해 봤지만."

"그래도 그분은 사랑받는 걸 알았던 것 같은데요."

예주가 사진을 뚫어지게 쳐다보며 했던 말이 떠올라, 마치 내가 그림자의 표정을 읽기라도 한 듯 자신 있게 말했다.

"제가 병신이에요."

자조 섞인 카페 주인의 말에 나도 모르게 시선이 그의 다리로 향했다. 흠칫 놀라 고개를 다시 들다 그와 시선이 마주쳤다.

"여러 가지 의미에서요."

미안해하는 내 표정이 무색할 정도로 카페 주인은 담담하게 웃었다.

"아버지 사업 부도난 게 무슨 인생 부도난 것처럼 도망이나 다니고. 다리 병신이 이제 거지까지 됐다는 자괴감에 그랬어요."

카페 주인은 벌떡 일어나더니, 바 뒤에 있는 냉장고에 가서 얼음물 두 잔을 따라왔다. 한 잔은 내게 내밀고 나머지 한 잔은 단숨에 들이켰다.

"제가 괜한 얘길 했나 봅니다."

나는 멋쩍어 하며 머리를 긁적였다.

"다 지난 일이고, 이젠 아프지도 않습니다."

카페 주인의 시선이 내 등 뒤 벽에 걸린 사진 하나에 한참을 머물렀다.

"헤어지잔 말도 못 했어요, 미안하고, 쪽팔리고. 그런 나 자신이 싫어 눈에 불이 나도록 화도 나고. 헤어지더라도 최소한 사랑한단 말 한마디는 하고 싶었는데. 결국 제가 뭐랬는지 아세요? 폼 잡으며 신에 대한 사랑이 어쩌고 하면서 수사가 되기 위해 떠날 수밖에 없다고 했어요. 이 병신이……."

내내 웃으며 얘기했지만, 자학하며 보냈을 카페 주인의 세월이 눈에 보이는 듯했다.

"그렇게 헤어지고 나니까 거짓투성이인 내 모습에 돌아버릴 것 같더라고요. 내가 뱉은 말 중 한 마디라도 책임을 지자, 뭐 그런 생각에 진짜 수도원에 들어갔어요. 전에 잠깐 얘기한 적 있는 것 같은데."

"그때 독일로 가신 거군요."

"첨엔 독일로 가긴 갔었죠. 전에 여행 다닐 때 좋아 보였던 수도원이 기억나서 무작정 독일로 가긴 했는데, 독일 수도원들 행정 절차가 생각보다 까다롭더라고요. 수사가 되겠다고 큰소리치고 사랑하는 이도 버리고 떠나온 건데, 절차상의 문제로 거절되어 포기한다는 것도 우습고. 결국 프랑스로 건너가 수도원 생활을 하긴 했어요. 독일에서 프랑스로 가는 기차 안에서 간만에 신나게 웃어 본 것 같아요. 삶이 던져 준 아이러니 앞에서."

카페 주인은 과장되게 웃었다.

"근데 뭐 그런 경건 생활을 견딜 위인이 되나요, 제가? 그래도 그땐 맘을 어찌나 독하게 먹었는지 거의 2년을 버텼어요."

카페 주인은 주먹으로 자기 가슴을 가볍게 두 번 쳤다.

"다시 만나 볼 생각도 해 봤을 것 같은데, 연락 안 해 보셨나요?"

아픈 곳을 찌르는 것 아닌지 내심 걱정되면서도 내친김에 물었다. 카페 주인은 손사래를 쳤다.

"제 깜냥에 다시 마주칠 가능성이 있는 서울 땅에서 이런 장사를 하고 있다는 것만으로도 대단한 용기죠."

씁쓸한 미소를 짓는 그의 눈가에 주름이 조금 더 깊어졌다.

"사랑하는 사람을 속이고 거짓말한 사람은 절대 다시 그 사람 앞에 못 나타나요. 나타날 수 있다면 이번엔 자기를 속이는 거겠죠."

알쏭달쏭한 그의 말이 한참 동안 머릿속을 맴돌았다. 카페 주인의 말대로라면 그녀는 절대 내 앞에 나타나지 않을 것이다. 그 생각에 미치자, 실례를 무릅쓰고 다시 질문을 던졌다.

"혹시 그분은 기다리고 있을지도 모르잖습니까? 돌아오기만 한다면, 거짓말 같은 거 용서할 수 있다고."

카페 주인이 격앙된 목소리에 놀란 듯 흠칫 내 쪽으로 얼굴을 들더니 진지한 목소리로 답했다.

"용서할 수 있는 쪽이 찾아가는 수밖에 없죠. 다시 찾아가 용서를 빌 용기가 있는 사람이라면 애초에 거짓말 같은 거 하지도 않았을 겁니다. 그대 앞에만 서면 한없이 작아지는 그런 종(種)인 겁니다, 나 같은 인간은. 비겁하게도 먼저 찾아 주길 바라는 마음에 여기 이렇게 처박혀 기다리는 거고요."

자조 섞인 목소리가 소름 끼치도록 차갑게 폐부를 파고들었다.

카페 주인의 상처를 이리저리 들쑤셔 놓은 것 같아 마음이 편치 않았다. 그는 해장국 그릇을 치우고 탁자를 훔쳤다. 일부러 신경 써서 천천히 걷지 않아선지 그의 걸음걸음이 오늘따라 유난히 더 절룩거렸다. 카페 주인이 절룩거리며 한 걸음 한 걸음 옮길 때마다 아무리 기다려도 나타나지 않던 그녀를 조금씩 용서할 수 있을 것 같았다. 혹시 그녀도 어딘가에서 그처럼 내가 찾아 주길 기다리고 있는 건 아닐까. 다 잊었다고 생각했는데. 올봄은 잔인하게도 구석구석 숨어 있는 기억까지 모조리 끄집어낼 모양이다.

여자와 비교할 때 남자들은 고통과 그리움을 잘 표현하지 못하고 심지어 인지하지 못하기도 한다. 그 때문에 상담이나 심리치료에서 남자 내담자의 경우 감정에 더 주의를 기울인다. 내담자들의 감정에는 주의를 잘 기울였음에도 정작 내 감정은 나 몰라라 내팽개쳐놓았던 건 아닌지. 그동안은 별반 감정의 동요 없이 살아왔던 것도 사실이다. 비 온 뒤 꿈틀꿈틀 기어 나오는 지렁이들처럼 고개를 쳐들기 시작한 내 감정에 주의를 기울일 필요가 있다. 위협받고 있는 내 욕구는 무엇일까?

세훈에게 와 줄 수 있는지 묻는 문자를 넣었다.

대부분의 3, 40대의 남자들은 진정한 친구가 없다. 만나는 사람은 많아도 개인적인 일을 의논하고 진심으로 연대감을 느낄 수 있는 친구가 없다는 말이다. 다행히 내게는 세훈이 있다. 세훈을 천주교 사제 대하듯 한 적은 없지만, 만약 세훈이 신부가 되지 않았다면 여느 다른 초등학교 동창들처럼 가끔 만나 웃고 떠들긴 해도 사적인 일을 지금처럼 털어놓지는 못했을 것이다. 아내가 새벽마다 신을 만나러 새벽기도에 나가듯, 어쩌면 난 세훈을 통해 신에게 하소연하고 싶은 건지 모른다.

요즘 들어 부쩍 세훈을 찾는 횟수가 늘었지만, 반대로 세훈을 마주 대하고도 내 얘기를 끌어내지 못하는 일도 잦아졌다. 오늘 세훈을 만난다면 무슨 얘기를 할 수 있을까. 어쩌면 지금 내게 정말 필요한 건 친한 친구나 신과의 대화가 아니라 나 자신과의 대화일지 모른다. 내 마음속에서 일어나는 일을 나만 모르고 있는 건 아닌지.

'기다려라 간다'라는 메시지만 달랑 도착했을 뿐, 세훈이 몇 시쯤 나타날지 다른 정보는 없었다. 칼스버그냐 버드와이저냐 고민하고 싶지 않아 평소 마시지 않던 국산 맥주를 시켰다. 허리와 벽 사이에 쿠션을 끼워 넣고 최대한 편안한 자세를 취했다. 이렇게 아무것도 하지 않고 빈둥빈둥 생각이 흘러가는 대로 지켜볼 수 있는 사치를 마지막으로 누린 게 언제였던가. 카페가 작아 몇몇 손님만으로도 카페 안이 복닥거리는 느낌이었다. 잠깐 팔짱을 끼고 눈을 감은 채 귓가에 들려오는 사람들의 말소리를 듣고 있었다.

그때 문이 열리며 경쾌한 종소리가 들렸다. 잠에서 깨듯 눈을 뜨고 소리 나는 쪽으로 고개를 돌렸다. 숨이 멎는 듯했다.

긴 머리를 찰랑거리며 길고 늘씬한 다리로 성큼성큼 걸어 들어오는 젊은 여자 둘이 재잘대는 소리에 카페 안의 모든 북적임이 잠시 멈추었다. 모든 시선이 일제히 긴 머리들에게 꽂혔다 떠나고 다시 웅성거림이 시작될 때까지 대략 3초간의 멈춤. 그 3초간, 내 심장도 멈췄는가 싶더니 다시 뛰기 시작하자 속도가 배가 되었다.

긴 머리들은 내가 앉은 쪽과 마주 보는 반대편 벽에 붙어 있는 테이블로 갔다. 벽을 바라보고 나란히 앉았다. 다행이라 생각하며 그들의 뒷모습을 보았다. 둘 다 진으로 된 핫팬츠에 헐렁한 티를 입고 가늘고 긴 팔에는 시원해 보이는 큼직한 팔찌를 여러 개 겹쳐 끼었다.

흰색이 예주고 화려한 패턴이 오수빈이다.

예주가 아니라고 여러 번 되뇌어 보지만, 저 쏟아지는 폭포 같은 검은 머리채를 도대체 다른 누구의 것이라 할 수 있겠는가. 연인 쪽으로 다정하게 시선을 돌릴 때마다 살짝살짝 보이는 예주의 오른쪽 얼굴은 상담하면서 많이 보아 가장 익숙한 각도다. 다른 사람이라고 착각하기 쉽지 않다.

긴 머리 연인은 가늘고 긴 팔을 X자로 엇갈려 한 손을 연인의 핫팬츠 뒷주머니에 꽂아 넣은 채 나란히 앉아 있었다. 다정한 눈길이 오가고 속삭이듯 이야기를 주고받았다. 젊고 늘씬한 미인 둘이 소곤대다 눈빛이 마주치면 미소 짓고 서로의 흘러내린 머리카락을 쓸어 올려 주는 그 몸짓에는 선정적인 데라곤 전혀 없었다. 오히려 어두운 카페 안에서 유독 두 사람이 앉은 자리만 환하게 빛났다. 향기마저 감돌았다. 모르긴 해도 카페 안 대부분의 사람은 그들이 나비가 좋아하는 짙은 꽃향기를 그처럼 흩뿌려 대고도 나비를 거부한 채 자기들끼리 꽃잎을 비벼대는 꽃들이라고 전혀 눈치채지 못할 것이다. 그저 한 쌍의 다정한 자매나 사이좋은 친구로 볼 뿐. 세상이 모르는 비밀을 혼자 알게 된 것처럼 얼굴이 화끈 달아올랐다. 발바닥부터 열기가 올라와 머리 꼭대기까지 열이 났다.

릴케와 니체에게 실연의 상처를 입히고, 프로이트가 자신의 '마지막 제자'라고 인정했던 루 살로메. 남자들은 단지 루 살로메와 사랑에 빠진 것이 아니었다. 그녀를 소유하고 싶다는, 다른 사람들에게서 그녀를 떼어놓고 독차지하고 싶다는 욕망에 압도당했다.

프로이트와 루 살로메의 관계는 순수하게 정신적인 것이었지만,

프로이트가 총애하던 제자 타우스크가 루 살로메와 사랑에 빠지면서 프로이트의 질투심을 자극했고, 프로이트는 루 살로메의 관심을 끌기 위해 아들 같은 타우스크와의 경쟁에 돌입했다. 빼앗아 내 것으로 만들고 싶다는 강렬한 욕구는 분명 사랑을 압도한다.

긴 머리 연인들이 강력한 자석처럼 내 시선을 끌어당겼다. 시선을 돌리기 위해 사투를 벌여야 했다. 오수빈의 이름만 들어도 몸속의 내장들이 지글지글 끓는 듯 안에서부터 뿜어져 나오는 강렬한 분노를 이미 여러 차례 경험했다. 예주 옆에 앉은 오수빈을 드디어 내 눈으로 보니, 두 손이 주체할 수 없이 부들거렸다.

"새끼, 폼이 오늘은 좀 심각한가 보네."

세훈이 어깨를 툭 치자 그제야 세훈을 알아보았다. 세훈이 내 앞에 마주 앉자, 오수빈의 모습이 교묘히 가려졌다.

"바쁜데 나온 거 아니야?"

백 미터 달리기라도 마친 듯 거친 숨을 몰아쉬며 내가 물었다. 세훈을 걱정하는 듯 물었지만 남 걱정할 처지가 아닌 절박한 눈빛을 세훈이 놓칠 리 없었다.

세훈을 붙잡고 다짜고짜 두서없이 쏟아 놓았다. 아드레날린이 과다 분비된 탓인지 며칠 동안 말에 굶주린 사람처럼 끊임없이 말을 쏟아 냈다. 세훈이 이 모든 말을 다 담아낼 수 있는지, 과연 이 말들이 정말 내 생각이긴 한지, 세훈이 제대로 이해할 수는 있는지……. 그저 배설하듯 모든 것을 쏟아 내고 판단의 책임을 세훈에게 넘겨 버리고 싶었다. 이 순간만큼은 그게 무엇이든 세훈의 처분에 따를 수 있을 것 같았다. 마치 신에게 순종하듯.

배설 완료.

예주에 대한 정체 모를 내 감정과 오수빈에 대한 분노—물론 정신없는 와중에도 그들의 이름만은 얘기하지 않았다. 그들이 놈에 있다는 얘기는 더더욱—그리고 아내와의 갈등과 아내에게 품었던 그동안 의식 못 했던 불만까지.

벌렁벌렁 뛰던 심장 박동도 많이 잦아들었고, 쾌변 후처럼 시원했다. 세훈이 뭐라 하든 이제 들을 필요도 없이 이대로 집으로 돌아가도 좋을 것 같았다. 잠시 나른해져 세훈을 멍하게 바라보는데, 세훈은 한마디도 하지 않고 내 얼굴을 지그시 바라보기만 했다. 끊임없이 쏟아지던 소음 뒤에 고요를 갈망하듯 그렇게 잠잠히 내 앞에 앉아 있었다.

그때 세훈의 어깨 너머로 잊고 있던 예주의 모습이 다시 시야에 들어왔다. 헐렁한 티셔츠가 팔 아래로 흘러 내려오며 예주의 오른쪽 어깨가 드러났다. 오수빈의 입술이 그 드러난 어깨에 가 닿았다. 다리에 힘이 풀렸다. 분노할 힘마저 온몸에서 빠져나가 그저 망연히 긴 머리 연인을 바라보았다. 나는 차마 넘지 못하는 선을 태연하고 천연덕스럽게 넘나드는 오수빈을 그저 바라볼 수밖에 없었다.

“그 앨 사랑하냐?”

세훈의 말투에 조금이라도 비웃거나 놀리는 기색이 있었다면 그걸 꼬투리 잡아 세훈을 한 대 칠 수도 있었다. 그만큼 흥분한 채 사냥감을 찾아 혈안이 된 나였지만, 세훈의 표정이 진지하다 못해 비

장함마저 느껴지는 바람에 길든 야수처럼 잠자코 들었다.

"아니면 가지고 싶은 욕망이냐?"

사랑과 욕망이라니. 영화나 드라마의 단골 주제이자, 영원불멸의 주제인 '사랑과 욕망'으로 내 감정을 조명해 볼 생각은 하지 못했다. 그저 감정의 동요를 많이 일으키는 독특한 내담자를 만났고, 그와는 무관하게 내 삶에서 공허를 발견하고 그 채울 수 없는 구멍 때문에 갈증을 느끼고 있을 뿐이라 생각했다.

"생각해 본 적 없는데."

"여러 가지로 사랑이냐 욕망이냐를 구분하더라. 상대에게 한없이 주고 싶은지 아니면 상대의 모든 것을 갖고 싶은지, 상대에 대한 배려가 있는지 없는지, 상대를 가지고픈 그 욕망마저 포기할 수 있는지 없는지, 상대를 내 주위에 끌어다 놓으려는지 아니면 내가 그 주위에 공존하려는지."

묵묵히 들었다. 섣불리 답하기에 아직 내 감정의 정체를 잘 몰랐다. 다른 사람들의 생각과 감정에는 판단도 쉽게 하고 판단의 정확성도 상당히 높다고 자부하던 내가 정작 내 생각과 감정의 정체는 파악하지 못하고 있었다. 그저 내 안에 그 두 가지 감정이 혼재해 있는 건 아닌지 추측할 뿐이었다.

"이렇게 사랑과 욕망을 멋지게 대비시켜 놓고 마치 극과 극인 양 정의하고 그 둘 사이를 최대한 멀리 떼어 놓으려고 애쓰지만."

세훈이 다시 입을 열었다.

"버트(But), 그 둘 사이는 절대 멀지 않단 말씀. 아니 오히려 너무 가까워 둘 사이를 넘나들게 되지 않냐?"

한참 심각하던 세훈의 얼굴에 장난기 어린 미소가 돌았다.

"짜식, 실없긴."

세훈의 질문이 폐부를 찌르자 머쓱해져, 괜히 세훈을 타박했다.

"아무리 사랑을 외쳐도 두려움이란 놈이 항상 졸졸 따라다니니 사랑이 제구실을 못 하는 거야. 그래서 사랑이란 이름 아래 스토킹 같은 범죄도 생기는 거고. 사랑이냐 아니냐는 중요한 게 아니지."

세훈이 말을 이었다.

"미안, 오늘은 주일이고 아직 직장 일에서 완전히 해방되지 못해 신부 같은 소리 좀 했다."

"미친놈, 지 성당에서나 설교하든 강론하든 하지."

입을 비죽거렸지만, 계속하라는 뜻이었다.

"사랑이냐 아니냐보다 중요한 건 '생명'인지 '죽음'인지야. 사람을 살리지 못하면 아무리 사랑, 사랑 떠들어도 소용없는 거지. 좀 더 신부 같은 표현을 쓰자면, 빛 가운데 있느냐 어둠 가운데 있느냐, 이게 중요하단 말씀."

세훈은 자기 앞에 놓인 맥주병을 내밀며 건배를 청했다. 아무 대답 없이 나는 세훈과 건배를 하고 남아 있던 맥주를 남김없이 마셨다. 병을 내려놓는 순간 예주와 오수빈이 자리에서 일어나는 것이 보였다. 반사적으로 고개를 숙이고 숨었다. 순식간에 일어난 일이었다.

문에 달린 종소리가 경쾌하게 울리자 그제야 고개를 들었다. 예주는 이미 떠나고 없다. 왼쪽 가슴에 동통이 시작되었다.

"너 생각 나냐?"

세훈의 얼굴은 장난기가 가시고 무표정하게 굳어 있었다.

"내가 마지막으로 이지혜 만나서 담판 짓겠다고 했던 날……."

듣자마자 숨이 턱 막혔다. 세훈의 얼굴을 살폈다.

어찌 잊을 수 있겠는가. 그날 이후 몇 달 동안 내 곁에는 세훈 대신 아무 말 없이 깊은 바닷속을 부유하는 한 마리 플랑크톤만 남게 되었는데. 둘 사이에 오랫동안 금기시되던 화제가 도마 위에 오르자 세훈의 눈치를 살폈다. 왠지 모를 불안감이 엄습했다.

"그날 사실 이지혜를 못 만났어."

나는 무슨 말이 튀어나올지 갈피를 못 잡고 세훈의 입술만 뚫어져라 바라보았다.

"만나기로 한 장소에 남편이 나와 있더라고."

숨죽이고 가만히 세훈의 다음 말을 기다렸다.

"나보다 스무 살쯤 더 많을까 싶은 그 남잔 얼굴에 그늘이 잔뜩 져서 마흔이 넘었대도 믿을 수 있을 만큼 지치고 늙어 보였어. 핏기 없이 파리한 얼굴에 무거워 보이는 안경. 근육 없이 마르기만 한 볼품없는 몰골. 정말 만감이 교차하더라. 약속을 어기고 배신한 이지혜에 대한 원망. 겨우 이런 골골한 늙은이한테 이지혜를 뺏겨야 하는 자괴감. 내 사랑을 좌절시킨 원흉인 그 남자에 대한 분노와 적개심. 반대로 그 남자가 날 때려눕힐지도 모른다는 두려움과, 인정하고 싶진 않지만 부인할 수도 없는 죄로 인한 수치심. 도망을 쳐야 하는지, 말을 걸거나 한 방 먹이기라도 해야 하는 건지, 어떤 표정을 지어야 하는 건지 도통 판단이 서질 않았고 한 발짝도 움직일 수가 없더라. 나무토막처럼 꼼짝 않고 서서 적의인지 회의인지 모를 눈초리로 남자를 노려보고만 있었지."

세훈은 앞에 이지혜의 남편이 서 있기라도 한 듯, 한곳을 노려보고 있었다. 온몸에 잔뜩 힘을 주고 있지만 손으로 건드리기만 하면 금방이라도 툭 쓰러질 듯 겁에 질린 어린아이의 표정이었다.

"근데 그 남자가 내 앞에서 무릎을 꿇더니 용서해 달라는 거야. 처음엔 이게 무슨 좆같은 경운가 싶기도 하고, 이 새끼가 미친 새낀가 싶기도 하고. 어리둥절하고 당황스러워 그 자리를 박차고 나오고 싶은데, 다리에 힘이 풀려 움직여지진 않고. 별수 없이 더 지껄이도록 내버려뒀는데, 눈물까지 흘리는 거야. 머릿속이 하얘지더라. 도대체 뭘 잘못했다고 용서를 비는 걸까? 자기 마누라를 넘봤으니 내게 용서를 빌라고 하고 싶을 텐데. 그런 생각이 머릿속을 어지럽게 헤집고 다니다 정신이 들었어. 그 자리를 박차고 나왔지."

세훈의 눈가에 눈물이 맺혀 있었다. 세훈은 눈물을 훔칠 생각도 않고 시선을 계속 한자리에 고정하고 있었다.

"사실 그때 내 옷 속에는 칼이 숨겨져 있었어. 이지혜를 만나서 계속 헤어지자고 고집하면 이지혜를 죽이고 나도 죽어야겠다고 결심하고 나간 거였거든."

처음 듣는 얘기였다. 20년이 넘도록 혼자 가슴에 품고 있었을 비밀을 어렵게 털어놓는 세훈의 마음은 또 무엇인가. 세훈 앞에 무릎

끓던 그 남자와 같은 마음일까.

“그날 밤새도록 토하고 또 토했어. 사흘이던가 나흘이던가, 아무 것도 먹질 못했어. 마치 온몸에 퍼져 있는 독기를 빼내듯. 몇 달 동안 그 남자의 말을 혼자 곱씹고 또 곱씹고. 그의 마음을 헤아려 보려고 무진장 애를 썼지. 하느님 말씀을 그렇게 묵상하고 기도했으면 추기경도 노려 볼 수 있을 텐데 말이지. 하하.”

어색한 농담을 섞는 걸 보니 세훈도 이제 감정을 어느 정도 추스른 모양이다.

“그렇게 곱씹고 곱씹었던 게 전혀 헛된 건 아니었어. 이지혜를 향한 죽을 것 같던 미련도 어느 순간 사라지고. 내가 더 젊고, 더 힘세고, 더 사랑하고, 뭐 그런 생각이 가득했었는데, 그 모든 게 이지혜도 나도 살릴 수 없단 생각에 이르더라고. 만약 이지혜가 그때 남편을 버리고 나를 택했다 하더라도, 언젠가는 품에 숨겼던 칼을 꺼내 써먹었을지 몰라. 그때의 내 사랑이란 건 그런 거였으니까. 온전히 소유하지 못하는 안타까움과 갈망을 결국 견뎌 내지 못했을 거야. 자신 없고 두려웠으니까.”

“유스티노 신부님께선 하느님을 만나기도 전에 도를 깨달은 셈이군.”

내가 농담을 던지자, 세훈이 장단을 맞췄다.

“가톨릭이 무슨 선종이냐 도를 깨닫게?”

세훈과 헤어지고 나자, 시간이 제법 늦었다. 아내는 이미 잠자리에 들었을 시간. 쪽지조차 남기지 않고 일요일 아침에 집을 나온 남편에게 어디 있냐고 문자 한 통 보내지 못하는 아내가 짜증 나도록 답답하면서도, 안타깝고 짠했다. 당연한 권리조차 주장하지 못하고 살아온 아내. 그걸 모른 척하며 내게 유리한 대로 이용해 온 나. 어쨌거나 오늘도 집으로 돌아간다, 아내에게로.

상담: 깨진 유리창 이론

노크도 없이 문이 열렸다. 예주가 가빠오는 호흡을 주체하지 못하고 숨을 헐떡이고 있었다.

짙은 파랑의 헐렁한 티가 흘러내려 흰색 탱크톱의 어깨끈과 오른쪽 어깨가 훤히 드러났다. 헝클어진 머리카락 여러 가닥이 얼굴과 어깨로 어지럽게 흘러내렸다. 언제나 금방 패션 잡지에서 막 튀어나온 모델 같던 평소의 예주와는 사뭇 다른 모습이었다.

"일찍 왔네. 일단 자리에 앉지."

예주가 다리에 힘이 풀린 듯 소파에 털썩 주저앉자, 찬물 한 컵을 가져다주었다.

"숨이 차 보이는데, 좀 가다듬고 시작하지. 아직 시간 여유도 있고."

물을 벌컥벌컥 들이켠 뒤 예주는 소파 등받이에 머리를 기대고 앉아 눈을 감았다. 흰색 핫팬츠를 입은 늘씬한 다리가 살짝 벌어진 채 아무렇게나 놓여 있다. 드러난 어깨와 헝클어진 머리. 시선을 돌리려다, 시선이 입술에 멈췄다. 립스틱이 입술 주위에 번져 얼룩져 있다. 단지 유리창을 조금 깨뜨려 놓은 것만으로 약탈이나 파괴를 부추길 수 있다. '깨진 유리창 이론'에 비추어 볼 때, 예주의 립스틱 번진 입술과 헝클어진 머리는 위험천만했다.

"힘든 하루였나 보네."

예주가 흘긋 나를 바라보다 다시 눈을 감았다.

"연구실 바로 옆에 화장실이 있는데, 예주가 헝클어진 머리를 다시 정리하고 돌아오면 상담을 시작하기로 하지. 아직 5분 정도 남았으니, 시간은 충분할 거야."

일부러 예주에게서 시선을 떼고 책상으로 돌아가 상담일지를 뒤적이며 5분 동안 바쁠 것임을 시사했다. 그제야 예주가 상체를 일으켜 앉더니 머리를 만지기 시작했다.

"그렇게 엉망이에요?"

"엉망은 아닌데…… 상담 중에 자꾸 흘러내린 머리카락이 신경 쓰일 것 같아서."

상담일지에 시선을 고정한 채 무심함을 가장하며 대답했다.

머리카락 한 올 남기지 않고 단정하게 머리를 올려 묶은 예주가 방으로 돌아왔다. 호흡과 심장 박동도 정상을 되찾은 듯 평온한 표정이었다. 세수했는지 말간 얼굴에 아직 물기가 남아 있었다. 화장기 대신 물방울이 촉촉한 예주의 얼굴이 더 앳돼 보였다. 열일곱이라 해도 믿을 수 있을 것 같다.

"수건이 없어서 휴지로 대충 닦았더니. 이것도 신경 쓰이시면 안 되는데."

내가 너무 노골적으로 쳐다봤는지 예주는 두 손으로 두 뺨을 가리며 수줍게 웃었다.

"괜찮아. 나한테 뭐 정돈 강박증 같은 게 있어서 그런 건 아니고, 상담 시작 전에 마음을 가다듬을 시간이 필요한 것 같아서. 처음 들어왔을 때보다는 많이 침착해지고 준비가 된 모습인데."

내가 웃자, 예주도 안심이 된 듯 큰 숨을 내쉬었다.

"여기 오기 전에 중요한 일이 있던 것 같은데, 혹시 이 자리에서 나눌 수 있을까?"

예주가 방에 들어선 그 순간부터 목구멍까지 올라왔던 질문을 최대한 무심한 듯 던졌다. 속으로는 궁금증이 풍선처럼 부풀어 오르다 못해 터지기 일보 직전이면서.

"수빈 언니가……."

말을 끝맺지도 못하고 울음보가 터졌다. 이렇게 주체하지 못하고 눈물을 쏟는 예주의 모습은 처음이었다. 아버지로부터 성폭행당한 일을 묘사할 때도 담담하게 얘기한 뒤 잠깐 조용히 눈물을 흘렸을 뿐이었다. 테이블 위의 티슈를 몇 장 뽑아 주고 가만히 앉아 울고 있는 예주를 바라보았다. 조용히 바라볼 수밖에 없는 내 속은 결코 평온한 상태가 아니었다. 수빈이란 이름이 언급된 순간부터 이미 심장 박동이 빨라졌다.

"상담 때문일까요?"

흐느낌이 잦아들자, 예주가 고개를 들어 나를 바라보았다. 질문의 의도를 파악하지 못해, 예주의 다음 말을 기다렸다.

"수빈 언니랑 있을 때 불안한 맘이 들고, 죄책감 같은 게 머리를 어지럽혀요. 상담받기 전엔 그런 적이 없었어요."

예주는 책임을 추궁하듯 나를 바라보았다.

"무슨 일이 있었기에 그런지 좀 더 차분히 설명해 줄 수 있을까?"

"모르겠어요."

예주가 두 손으로 머리를 감싸 쥐고 좌우로 흔들었다.

"분명히 예전엔 안 그랬는데."

머리를 쥐었던 손을 풀어 무릎에 얹고 시선을 내게 돌리더니 말을 이었다.

“예전엔 수빈 언니랑 키스하는 게 마냥 좋았거든요. 그게 어디서든, 누구 앞이든.”

예주의 시선을 감당하는 게 힘들었다. 눈에 띄지 않게 시선을 떨군다는 게 그만 속살을 드러낸 예주의 어깨를 보고 말았다. 헛기침하며 주머니에서 손수건을 꺼냈다. 다행히 예주는 완전히 몰입되었는지 내 행동에 별로 개의치 않고 얘기를 계속했다.

“오늘 캠퍼스 안에서 손을 잡고 걸어가다 수빈 언니가 갑자기 키스하려고 했어요. 사람이 많진 않았지만, 걸으면서 우리 과 선배 하나를 언뜻 본 것 같았는데 엄청 신경 쓰이는 거예요. 나도 모르게 수빈 언니를 밀어냈어요. 언니가 눈을 동그랗게 뜨고 내 얼굴이 뚫어져라 바라보더니 내 얼굴을 두 손으로 거칠게 잡아당겼어요.”

예주는 갑자기 두 손으로 얼굴을 감싸고 고개를 숙인 채 겨우 얘기를 이어 갔다.

“무서웠어요. 이건 내가 아는 수빈 언니가 아니에요. 내가 싫어하는 남자들보다 더…….”

예주는 두 손에 고개를 묻은 채 한참을 들지 못했다. 잠시 후 진정이 되었는지 고개를 들고 말을 이었다. 정적 속에 두 사람의 심장 박동 소리만 요란했다.

“부드러움 때문에 언니한테 끌린 건데. 이럴 순 없어요.”

“예주가 오늘 수빈 언니의 갑작스러운 행동에 충격을 받은 것 같네.”

낼 수 있는 최대한 부드러운 목소리로 공감을 표현했다.

“언니 행동이 유별났다고 할 순 없어요. 캠퍼스건 카페건 남의 시선 따위 개의치 않고 키스하곤 했거든요, 우린. 내가 먼저 요구할 때도 있었고요.”

‘우리’란 말이 귀에 들어오는 순간 가슴의 동통이 시작되었다.

“제가 문제예요. 아까 우리 과 선배 하나를 본 것 같단 생각이 스치자 갑자기 부끄럽단 생각이 들었어요. 한 번도 그런 생각을 해 본 적 없었거든요. 수빈 언니를 밀어내고 내가 놀랐을 정도예요.”

뭔가를 골똘히 생각하던 예주가 한숨을 내쉬었다.

“도저히 견딜 수 없어서 무작정 달려온 거예요.”

예주는 다시 한번 숨을 몰아쉬었다.

위급한 순간에 내가 떠올라 달려온 건지, 마침 상담 시간임을 기억하고 달려온 건지 알 수는 없지만, 예주는 털이 흠뻑 젖어 추위에 떨며 내 품에 달려든 가여운 강아지 같았다. 분노와 놀람으로 마구 뛰던 심장이 언제 그랬냐는 듯 경쾌하고 가벼운 박자로 리듬을 타기 시작했다.

“예주의 삶에 굉장히 중요한 변화가 생겼고, 오늘 그 변화를 발견하고 많이 놀란 것 같은데…… 예주는 그 변화가 상담 때문이 아닌가 하고 생각하는 거지?”

희색을 감추지 못한 채 예주에게 말을 건넸다. 예주가 오수빈을 밀쳐내고 내게 돌아왔기 때문이라기보다는 내담자가 상담의 효과로 긍정적인 변화를 경험하기 시작했기 때문에 기쁜 거라고 스스로에게 최면을 걸었다.

"네."

예주는 질문이 끝나기가 무섭게 대답했다.

"상담하기 전엔 한 번도 그런 생각을 해 본 적이 없어요. 절대로!"

예주는 마치 죄의 원인이 상담이라는 듯, 결백을 증명하기 위해 필사적인 피의자처럼 목소리에 힘을 주었다.

"모든 변화는 처음에 불안감을 줄 수 있어. 하지만 지금 예주에게 나타난 변화는 아주 긍정적인 변화고, 상담의 효과가 나타나고 있다고 할 수 있을 것 같은데. 예주가 상담 초기에 상담하게 된 이유 중 하나로 남자 친구를 사귀고 정상적으로 연애하고 싶다고 분명히 얘기했었고. 기억 나지?"

"정상? 그동안 계속 제가 정상이 아니라고 생각하셨던 거군요."

예주의 목소리가 냉소적이었다.

'동성애'가 죄인가, 질병인가, 불가피한 소수의 성적 편향인가, 무질서와 부도덕인가? 최소한 정신의학에서 동성애를 더 이상 정신질환으로 보지 않는다. 이성애만이 정상이라고 생각하도록 유도할 수 있는 어휘를 선택한 건 내 잘못이다. 미국정신의학회에서 계발한『정신장애에 대한 진단 및 통계 편람(Diagnostic and Statistical Manual of Mental Disorder: DSM)』체계 내에서 변화와 수정을 가장 많이 거친 것이 아마 동성애 항목일 것이다. DSM-I 체계에서는 동성애가 분명 정신질환으로 분류되었으나, DSM-II에서는 성격장애로, DSM-II-R에서는 성적 지향의 혼란으로 분류되었다. 1980년, DSM-III 개정 작업에서 성적인 선호가 더 이상 병리의 진단 대상이 될 수 없다는 사회활동가들의 주장을 받아들였다. 스스로 그런 특성에 불편감을 느끼는 경우를 제외하고는 정신병리로 인정하지 않게 된 것이다. DSM-III-R에서 마침내 동성애 항목 자체가 삭제되었다. 동성애가 그 어떤 조건에서도 정신병리의 조건이 될 수 없다는 전문가들의 의견을 수용한 것이다. 방금 내 입에서 나온 '정상' 운운하는 것은 내담자를 평가하거나 판단하지 않고 그대로 인정하고 수용하는 내 커리어에 흠집을 낼 만한 어휘 선택이었다.

"예주 마음을 불편하게 했다면 사과할게. 하지만 전에도 얘기했듯이 난 동성애를 '옳다' '그르다'의 관점에서 바라보진 않아. 단지 예주가 상담의 목표 중 하나로 분명히 이성과 사랑할 수 있게 되기를 희망했다는 걸 상기시켜 주고 싶었을 뿐이야. 그동안 예주가 인식하진 못했어도 불편감을 가지고 있었기에 그런 희망 사항이 나올 수 있었다고 생각하거든. 오늘에서야 그동안 깨닫지 못했던 예주 마음의 일부를 직접 볼 수 있게 된 거고."

"교수님이 수빈 언니를 싫어하는 건 사실이잖아요."

아까와 같은 적의나 원망은 많이 가라앉은 듯했지만, 목소리에 여전히 냉기가 남아 있었다.

"왜 내가 수빈 언니를 싫어한다고 생각하지?"

들키고 싶지 않은 속내를 감추려다 더 많은 걸 드러내고 말았다.

상담은 가치중립적이어야 하며, 상담자 자신의 의견이나 가치를 표현하는 것은 상담자의 개인적인 가치와 의견을 내담자에게 강요하는 것과 같다. 하지만 상담자가 모든 반응을 중립적으로 하는 것은 불가능하다. 모든 상담은 상담자와 내담자의 상호작용으로 이뤄진다. 상담자의 자기 노출 때문에 내담자가 자기 자신을 이해하기보다는 의식적 또는 무의식적으로 상담자를 모방하게 되는 경우도 많다. 실제로 성공적인 상담에서 내담자가 상담자의 개인적 가치관이나 의견을 받아들이는 경향이 있다. 상담자의 자기 노출이 부정적으로 이뤄질 경우, 상담자의 관점이나 사고방식, 행동 등에 반해 내담자가 저항을 심하게 일으킬 가능성도 존재한다.

상담 이론과 연구를 들먹이며 논지를 흐리려는 내 안의 동기는 무엇일까. 상담자에게도 분명 가치관이 존재하며 자신이 지향하는 가치를 표현할 수 있다. 하지만 내담자에게 전달하려는 가치가 '상담자인 나 외에 너를 도울 사람은 전혀 없다.'거나 '나 외의 다른 사람을 사랑하지 말라.'가 되면 '업무상과실'에 해당하지 않을까. 극단적으로 얘기하자면, 내가 던진 말 한 마디로 내담자의 인생이 망가질 수도 있다. 사적인 감정이 개입하지 않도록 더 세심한 주의가 필요하다.

"수빈 언니 얘기만 나오면 교수님 얼굴이 굳어지고, 화를 내시잖아요."

예주의 말에 얼굴이 달아올랐다.

"내가 그랬나? 아주 좋은 지적을 해 줬어. 고마워."

나는 부러 머리까지 긁적이며 새로운 사실을 알게 된 것처럼 놀라움을 표시했다.

"상담에서 내담자만 자신을 통찰할 기회를 얻는 게 아니고, 상담자도 마찬가지로 몰랐던 자기 모습을 발견하고 통찰할 기회를 얻게 되거든, 지금처럼. 당장 해석을 제공할 순 없지만, 내가 나 자신의 반응을 지속적으로 점검하고 검토해서 예주의 상담 목표를 달성하는 데 도움이 되겠다고 약속할게."

예주는 눈치를 살피며 내 말의 진위를 끊임없이 탐색했다. 예주의 시선이 무릎 위에 놓인 두 손 위로 떨어졌다.

"이제 어떻게 해야 할까요?"

입술 사이로 가는 한숨이 새어 나왔다. 예주의 목소리에서 근심의 무게를 느낄 수 있었다.

"수빈 언니마저 없이 세상을 살아갈 수 있을까요?"

"당연하지."

예주의 말이 끝나기가 무섭게 튀어나왔다.

"내 말은, 예주는 예주 스스로가 생각하는 것보다 훨씬 강하고, 우리가 같이 상담을 해 가면서 더 많은 긍정적인 변화를 이뤄 갈 거야. 그러니 걱정하지 말라고."

튀어나온 말을 주워 담으려다 보니 횡설수설했다. 이러다 예주가 곧 '수빈언니와 헤어지길 바랐던 거 아닌가요?'라고 쏘아붙일까 두려웠다. 내 감정의 채널을 끄고 상담자의 채널만 남기려고 허둥댔다.

"수빈 언니와 헤어지게 되면 예주에게 가장 두려운 건 뭐지?"

다행히 예주보다 먼저 질문을 던질 수 있었다.

"공허."

한 음절 한 음절 눌러 말하는 예주의 눈빛이 텅 비어 있었다.

"아직 다른 누구를 사랑할 자신도 없고, 언니 없는 빈자리를 채울 수 있는 게 나한텐 아무것도 없어요."

예주의 쓸쓸한 목소리를 들으니 내 가슴에 난 구멍에도 찬 공기가 스며들었다.

"누가 옆에 있어도 그 공허감은 쉽게 채워지지 않지."

혼잣말처럼 중얼거리다 다시 목소리를 키워 말했다.

"예주가 새로운 사랑을 만나든 만나지 않든, 혼자 잘 지낼 수 있을 만큼 정서적으로 건강해지는 것도 우리 상담의 목표 중 하나야. 혼자라는 걸 견딜 수 없어 의존하듯 누군가를 찾다 보면 진실한 사랑을 찾기 더 어렵고, 사랑을 누리지 못하고 집착에 빠질 수도 있으니까."

"아직 수빈 언니가 날 놔 줄지 어쩔지도 모르는데요. 내가 먼저 헤어지자고 말할 자신도 없지만, 설사 말한다 해도 언니가 절대 놔 줄 수 없다면 어쩌죠?"

예주가 겁에 질린 듯 눈을 동그랗게 뜨고 물었다.

"수빈 언니가 그런 사람이라면 더더구나 더 깊어지기 전에 정리하는 게 좋을 것 같은데."

내 머리 한쪽에서 경고등이 켜졌다. 내담자에게 결정권을 주어야 할 일까지 깊이 개입하고 있다.

"수빈 언니와 헤어짐으로 인해 겪게 되는 괴로움이나 공허감도 상담해 가면서 충분히 해결할 수 있다고 생각해."

예주를 격려하는 내내 주먹을 불끈 쥐었다.

"예주에게 도움이 되고 싶어."

남은 상담 시간 내내 예주에게 올바르고 적절한 행동—오수빈과 헤어지는 것—을 하도록 격려하고, 그로 인해 생길 수 있는 가능한 모든 종류의 불안과 두려움에 대해 다뤘다. 예주는 상담 초기보다 많이 안정된 듯 보였다. 당장 오수빈에게 헤어지자고 말할 수 있을 것 같다는 말도 했다.

밖으로 걸어 나가던 예주가 잠시 멈춰 고개를 돌렸다. 걸음마를 시작하는 어린 아기가 고개를 돌려 엄마가 그 자리에 그대로 있는지 확인하고야 안심하는 것처럼 내 얼굴을 바라보고 안도의 미소를 띠었다.

독한 감기약을 먹었을 때처럼 몸이 붕붕 떠다녔다. 얼굴의 열기가 쉽게 식지 않았다. 상담일지를 열어 예주의 휴대전화 번호를 입력했다. 문자 메시지를 쓰고 한참을 망설였으나 기어이 전송 버튼을 눌렀다.

'죽음이 아닌 생명으로 이끄는 사랑을 만나게 될 거야. 혹시 위급한 일이 생기면 연락해도 좋아. – 주한'

상담: 조르바의 귀환

터질 듯 팽창한 하늘이 꼭 내 표정 같았다. 비가 올 것 같다며 아내가 챙겨 넣어 준 우산이 가방 옆으로 삐죽 나와 있다. 겨우 6월 초인데도 무덥다. 바람 한 점 만들지 않고 꼼짝도 하지 않은 채 무엇을 벼르며 끊임없이 팽창하는지 하늘은 무겁기만 했다.

예주의 등장도 무거웠다. 평소처럼 떠들썩하게 인사하며 들어서지도 않았고, 지난번처럼 문을 벌컥 열고 뛰어 들어오지도 않았다. 조용히 문을 열고 들어와 늘 앉던 자리에 앉았다.

찌푸린 표정과 달리 옷차림은 시원했다. 비치는 소재의 하얀 셔츠를 양 소매 모두 걷어붙였다. 버튼을 두 개나 풀어 검은색 탑이 살짝 보였다. 깊이 팬 가슴골이 큼직한 실버 목걸이로 교묘하게 가려졌다. 색이 바랜 데님 팬츠는 긴 셔츠에 가려져 움직일 때만 살짝 보였다.

"상담 그만하고 싶어요."

무뚝뚝한 목소리에 가슴이 철렁했다. 예주는 내 쪽으로 얼굴을 돌리지도 않고 앞만 응시하고 있다. 예주는 처음 등장하던 순간부터 단 한 번도 내 마음을 평온하게 내버려둔 적이 없었다. 바람 한 점 없는 날의 호수처럼 잔잔하기만 했던 내 마음과 일상에 끊임없이 물수제비를 뜨듯 돌을 던져 댔다.

지난주 오수빈과 헤어지겠다며 이곳을 걸어 나가던 예주를 보낸 후 일주일을 어떻게 보냈던가. 갑자기 지구의 중력이 낮아지기라도 한 듯 붕 떠다니기도 하고, 일의 추이가 궁금해 휴대전화만 만지작거리기도 했다.

"갑자기 상담을 종결하자니, 당황스러운데. 뭐 때문인지 얘기해 줄 수 있을까?"

침착하려고 애쓰지만 목소리의 떨림까지 막을 수는 없었다.

"……."

"예주가 지난 일주일 동안 아주 힘들었던 것 같은데, 무슨 일이 있었는지 얘기해 줘."

상담자다운 말투니 뭐니 다 집어 던지고 아이처럼 졸라 댔다.

"부탁이야."

꼭 다물고 있던 예주의 입술이 움직이는가 싶더니, 예주가 아랫입술을 잘근잘근 깨물기 시작했다. 눈동자 가득 눈물이 차 있다.

"수빈 언니가…… 언니가 죽어 버리겠다고."

건드려 보기도 전에 눈물이 떨어지기 시작했다. 눈물을 흘리는 예주를 보고 있자니 가슴에서 뜨거운 것이 목울대 너머까지 차올랐다. 주먹을 불끈 쥐었다. 지난 석 달간 예주를 지키기 위해 경계선 앞에 서서 나 자신과의 사투를 벌인 그 치열한 시간이 속절없이 부서지는 걸 보는 것 같아 가슴이 타들어 갔다. 오수빈 따위에게 상처 입고 울고 있는 걸 보기 위함은 절대 아니었다.

"오수빈이 왜 죽어? 절대 죽지 않아. 절대!"

날카롭게 내지르는 소리에 스스로 놀라 입을 다물었다. 예주도 놀랐는지 울음을 멈추고 고개를 들어 나를 보았다.

"수빈 언니는 절대 죽지 않을 거야. 예주가 헤어지자니까 붙잡고 싶은 마음에 협박을 해 보는 것뿐이야. 시간이 지나면 다 잊힐 일이야."

예주와 눈이 마주치자, 아이를 어르듯 예주를 달랬다.

"모두 다 상담 때문에 이렇게 된 거라고…… 언니가 상담만 때려치우면 우린 다시 예전처럼 행복한 시간으로 돌아갈 수 있다고."

눈물은 그쳤지만, 여전히 훌쩍이며 예주가 말을 이었다.

"지금은 절대 그만둘 수 없어. 상담이 하루 이틀 받아서 되는 일도 아니고, 이제 겨우 석 달 되었어. 겨우 긍정적인 변화가 조금씩 나타나기 시작했는데, 지금 그만두면 시작을 안 한 것보다 못해. 안 돼."

예주를 설득한답시고 두서없이 쏟아놓은 말은 스스로 분을 삭이지 못해 구시렁거리는 소리에 불과했다.

"예주 멋대로 시작해 놓고 이제 와서 또 멋대로 그만두겠다고?"

비난의 말까지 내뱉었다. 후회해도 다시 쓸어 담을 방법은 없었다.

"이제 곧 기말고사 기간이고 방학도 하는데, 그럼 저를 위해서 방학에도 학교에 나오실 생각이었나요?"

예주는 새초롬한 얼굴로 쏘아붙였다. 훌쩍임이 잦아든 게 그나마 위안이 되었다.

"예주가 시험 준비 때문에 부담된다면 한 주 정도는 쉴 수 있지만, 방학 때도 약속대로 나와서 상담할 생각이었어. 약속은 약속이잖아."

약속이란 단어에 힘을 주어 얘기했지만, 예주가 아닌 다른 학생이었다면 분명 방학 때는 쉬자고 했을 것이다. 식은땀이 났다.

"……."

무슨 생각을 하는지 고개를 숙인 예주는 가늘고 긴 손가락 두 개로 그림을 그리듯, 자신의 손등과 손가락을 천천히 어루만졌다. 내 손등에 전기가 오른 듯 아릿자릿했다. 어느 순간 번개가 치듯 순식간에 찌릿함이 팔을 타고 올라와 왼쪽 가슴에 이르렀다. 동통이 시작되었다.

"언니는 그래도 내가 외로울 때마다 달려와 주었는데."

오랜 침묵 뒤 어렵게 입을 뗀 예주의 목소리는 들릴락 말락 귓가를 겨우 간질이다 스러졌다.

"수빈 언니 없이 정말 괜찮을까요?"

예주의 눈물보가 다시 터질까 조마조마했다.

"교수님은 너무 차가워요. 언제나 밀어내기만 하고. 이러면 된다, 안 된다, 무슨 룰도 많고."

예주의 눈에 슬픔이 가득 어렸다.

"밀어내고 있는 게 아니야. 있는 힘을 다해 붙들고 있는 거지."

예주의 시선을 있는 힘을 다해 붙들었다.

"수빈 언니 없이 제가 홀로서기를 할 수 있을 때까지만이라도 교수님을…… 상담실 밖에서 만날 수 있게 해 주세요."

내 대답에 모든 것이 달려 있기라도 한 듯 예주는 애절한 눈빛으로 호소했다.

"……."

"진짜론 안 만날지도 몰라요. '절대 만날 수 없다'라고 못 박는 게 너무 무서워요. 갑자기 내 앞을 가로막는 큰 절벽을 만난 기분이 들고. 그냥 '만날 수 있다'는 가능성만 열어 둬도 숨통이 좀 트일 것 같아요. 힘들 때 찾으면 내게 와 줄 사람이 한 명이라도 있다면 살아갈 힘이 될 것 같아요."

절박한 눈으로 계속 내 시선을 붙들고 있던 예주가 말을 마치고 고개를 떨구었다.

'다시는 아무도 절 사랑하지 않을 거예요.'

'전 결코 이 고통에서 벗어날 수 없어요.'

'저랑 제 삶은 쓸모없는 거예요.'

…….

삶의 위기에 처하면 많은 내담자가 사고의 명료성을 잃고 겁먹기 때문에 종종 비합리적이고 왜곡된 사고를 한다. 이럴 때 상담자는 내담자가 가지고 있는 왜곡된 사고가 자신의 삶을 더 비참하게 만들 수 있다는 걸 전하면서, 동시에 사려 깊은 태도로 공감과 지지를 전달해야 한다. 내담자가 왜곡되고 무력한 생각에서 벗어나 맞닥뜨린 환경에 맞설 수 있는 구체적인 전략을 세울 수 있도록 독려해야 한다.

상담자로서 내담자에게 끌려가서는 안 된다. 예주가 겪고 있는 강한 감정에서 거리 두기를 할 수 있도록 돕고, 비합리적인 생각을 바로 볼 수 있도록 도와야 한다.

아들에게는 냉정해도 딸에게는 한없이 관대한 아빠처럼, 상담자로서 내 이성적 사고와 관계없이 예주에게만은 한없이 너그러워진다. 하지만 아이의 응석을 모두 받아주는 것이 결국 독이 될 수 있다. 나는 그걸 누구보다 잘 알고 있다.

"예외 없는 규칙은 없는 거니까. 지난주에 내가 메시지 보냈으니 내 번호는 알고 있지? 위급할 때 연락해도 좋아. 물론 정말 위급할 때만 해야지 남용하면 내가 안 받을 수도 있어."

예주의 눈이 반짝이며 커졌다. 뒤에 나올 더 큰 선물을 기다리는 아이 같은 표정으로 내 눈을 응시했다.

"오늘 저녁, 다른 약속 없으면 같이 할까?"

학부 때 리포트를 위해 연습으로 해 본 상담을 시작으로 상담자로서 거의 20년을 보냈는데, 20년 상담 인생 중 내담자에게 식사 초대를 한 건 처음이다. 식사 초대를 받은 적은 여러 번 있었지만 언제나 잘 설명하고 정중히 거절해 왔다. 미지의 세계에 첫발을 내디딜 때처럼 기대감과 뿌듯함이 가슴 한편에, 공들여 빚어 온 도자기에 막 흠집을 낸 것 같은 자괴감이 다른 한편에 공존했다.

상담 후에 내담자와 식사하러 가는 것은 대부분의 상담자가 현명하지 못하다고 조언한다. 특히 내담자가 관계 문제를 혼란스러워하거나 왜곡할 가능성이 높은 DSM 체계의 II축(성격 장애 등 포함)의 문제를 가졌다면 이런 상황을 피하고 다른 대안을 찾는 게 마땅하다.

주사위는 이미 던져졌다.

상담자로서 마지막 양심이 내담자에게 지침을 제시하고 지켜야 한다고 말하고 있었다. 내담자는 이런 상황이 무엇을 의미하는지 그리고 이런 상황을 어떻게 처리할지 전혀 모른다는 것을 잊으면 안 된다. 상담실 밖에서 상담자가 상담에서처럼 모든 관계의 초점을 내담자의 문제에 맞추고, 내담자의 문제를 해결하기 위해 전심을 다해 돕기 어렵다.

기대에 차 반짝이는 예주의 눈에 시선을 맞추며, 끝없이 부풀어 오르는 가슴을 애써 누르며 차분하게 설명했다.

"먼저, 상담실 밖에서 만날 때 그 상황이 우리 둘 모두를 불편하게 만들 수 있다는 걸 예주가 알고 있었으면 해. 전에도 한 번, 물론 그땐 우연이었지만, 밖에서 만나고 나서 예주가 나한테 화냈던 거 기억날 거야."

내 눈을 응시하던 예주의 눈동자가 왼쪽 위로 올라갔다. 저장된 기억 창고 언저리를 더듬는 듯 보였다.

"상담실 밖에서는 상담자가 아닌 예주 친구로서 만나는 거니까, 상담 시간에만 예주의 문제들을 다루기로 하고, 밖에서는 친구처럼 사소한 일만 얘기하기로 하는 게 좋을 것 같은데, 예주 생각은 어때?"

조심스럽게 묻고 판결을 기다리듯 예주의 입술을 응시했다.

"상담자를 친구로 만든다는 건 무지 복잡한 일이군요."

예주가 골똘히 생각하는 몇 초의 시간이 몇 년같이 길게 느껴졌다.

"뭐가 내 문제고 뭐가 사소한 건지 잘 모르겠는데."

예주의 말이 채 끝나기도 전에 참지 못하고 말을 가로챘다.

"예주는 그냥 자연스럽게 하고 싶은 얘기를 하면 돼. 내가 상담실 밖에서 다루기에 곤란하다 싶으면 얘기해 줄게. 그럼 됐지?”

불리한 계약 조건을 상대가 알게 될까 두려워 서둘러 계약을 마무리하는 사람 같았다. 다행히 예주는 의심이나 의문을 품지 않은 천진한 눈빛으로 고개를 끄덕했다. 7시로 시간을 정하고 장소는 문자 메시지로 알려 주기로 했다. 어디가 좋을까? 마음은 이곳저곳을 물색하며 이미 하늘을 날고 있었다.

상담의 진전에는 관심 없고 절대 종결할 수 없다는 것만 다시 한 번 못박았다. 상담의 남은 시간 동안 예주는 어머니와의 갈등에 대해 좀 더 얘기했지만, 솔직히 대부분 잘 기억나지 않는다. 어쩌면 예주가 보낸 중요한 단서들을 놓쳤는지도 모를 일이다. 통통 튀는 가슴 속에서 고개를 든 조르바가 내 귀에 속삭였다.

‘모든 걱정은 내일로 미루라.’

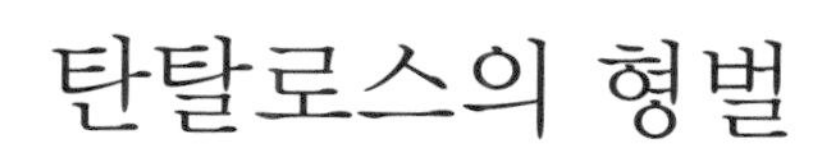

탄탈로스의 형벌

산토리니가 좋겠다.

사십 평생에 딱 한 번 조르바이고자 한 적이 있었다. 하지만 하루아침에 산투리도 크레타섬도 감쪽같이 사라졌다. 그 후 나는 조르바의 조언을 귓등으로도 듣지 않고, 조르바와는 반대 방향으로 걷기 시작했다. 이성적으로 깔끔하게 계획하고 재단한 대로 오차 없이 살기 위해 '해야 할 일과 하지 말아야 할 일' 목록이 남들보다 몇 배나 길었다. 그럼에도 불평 없이 잘 지켜 나가고 있었다.

가슴 한구석 어딘가에 소리 없이 묻혀 있던 조르바가 갑자기 꿈틀거리며 기지개를 켰다. 내 귀에 그 큰 목청으로 소리를 질러 댔다. 물론 '갑자기'일 리는 절대 없다. 큰 사건이 일어나기 전에 반드시 많은—'하인리히 법칙'에 따르면 300가지 정도—작은 전조들이 사인을 보내기 마련이다.

> 인생에는 오르막도 있고 내리막도 있는 법인데, 당신같이 잘난 치들은 모두 브레이크를 사용하지. 하지만 난 그 따위 건 버린 지 오래요. 난 우당탕 부딪치는 걸 겁내지 않소. 밤이고 낮이고 전속력으로 내닫는 거지. 어딘가에 부딪쳐 끝장이 난다 해도 아쉬울 건 없소. 더디게 간다고 가게 될 데를 안 가게 되겠소?*

* 니코스 카잔차키스의 『그리스인 조르바』 중

산토리니에 첫발을 들인 건 아내와 함께였다. 결혼 몇 달 후 심리학 콘퍼런스 차 독일에 갔을 때 아내와 함께 유럽 몇 나라를 들렀는데 마지막 나라가 그리스였다. 아테네에서 곧장 페리를 타고 네 시간 정도 바다를 가르니 멀리 반짝이는 산토리니가 보였다. 빛에 씻겨 맑고 투명한 산토리니는 흰 눈보다 더 눈부셨다.

6시 50분. 산토리니 입구로 들어가니 가파른 흰색 계단이 나왔다. 산토리니의 인테리어 컬러 스킴 그대로 화이트 베이스로 시작했다. 하얀 계단, 하얀 벽, 하얀 천장. 2층으로 올라서니 좁은 입구와는 달리 널찍한 공간이 나오며 시야가 탁 트였다. 화이트 베이스에 여기저기 코발트블루로 포인트를 준 인테리어가 산토리니를 그대로 재현하진 못해도 그곳의 산뜻한 느낌을 전해 주었다. 하얀 테이블에는 파란 의자를, 파란 테이블에는 하얀 의자를 배치했고, 테이블 위에 놓인 짙은 파랑의 유리잔들은 산토리니의 바닷물을 그대로 담아 놓은 듯했다. 벽 곳곳에는 산토리니의 풍경 사진이 걸려 있었다. 푸른빛의 바다는 사진이 찍힌 시간에 따라 코발트블루에서 아쿠아블루나 에메랄드빛까지 다양한 푸른빛을 뿜고 있었다. 몇몇 테이블엔 이미 다른 손님들이 앉아 식사하고 있었다. 내가 안내된 곳은 작은 창 옆에 놓인 2인용 테이블이었다. 데스크톱 스크린만큼 작은 창 역시 하얀 목재로 마감이 되어 있었다. 창밖의 풍경은 산토리니 앞에 펼쳐진 넓고 푸른 바다 대신 빠르게 길을 오가는 사람들의 머리로 이뤄진 검은 바다였다.

예주가 바로 볼 수 있도록 얼굴을 입구 쪽으로 향하게 자리를 잡고 앉았다. 예주일까 하여 입구를 뚫어지게 바라보는 시선이 들어오는 사람들의 시선과 계속 마주쳤다. 마주치자마자 고개를 돌려 시선을 피하는 사람부터, 노골적으로 불쾌한 티를 내며 노려보는 사람까지 다양한 시선이 스쳐 지나갔다. 성격이 각양각색이듯 타인의 시선을 의식하는 정도에도 개인차가 있다. 타인의 시선을 느끼면 하던 일을 더 잘하는 사람이 있는가 하면, 잘하다가도 움츠러드는 사람도 있다. 우리가 무의식중에 경험하는 무수한 시선 교환이 인간관계에 엄청난 영향을 미친다.

직업병처럼 언제 어디서나 사람을 관찰하고 그들이 보내는 신호의 의미를 해석한다. 아무리 예의와 규범으로 무장해도, 또 거짓말을 잘해도 온몸으로 거짓말을 할 수 있는 사람은 없다. 언어보다는 비언어적 신호들이, 그 비언어적 신호들도 얼굴에서 멀어질수록 더 진실을 말한다. 말보다는 표정이, 표정보다는 손의 제스처가, 제스처보다는 몸통의 움직임이, 몸통보다는 하체의 움직임이, 하체보다는 땀과 같은 자율 신경 신호가 더 진실을 말한다. 같은 사람을 대해도 상담실 안에서는 이상하리만큼 잘 보인다. 그래서 '마음을 잘 읽는 상담자' 또 '공감을 잘하는 상담자'로 인정받아 왔다.

가장 가까이 있는 사람들이 보내는 신호에는 반대로 이상하리만치 무디다. 아내가 보내는 무수한 신호가 내 눈에 들어오지 않는 게 대표적인 예다. 아내는 늘 이해할 수 없는 사람으로 덮어 놓게 되는데, 어쩌면 내 안 깊숙이 꿈틀거리는 '알고 싶지 않다'는 몸부림이 눈과 귀를 가리고 있는 건지도 모른다.

예주는 어떤가. 아주 작은 신호도 놓치지 않고 읽어 내고 있다고 자부하지만, 정말 확신할 수 있을까. 보고 싶은 것만 보고 있는 건 아닐까.

7시 10분.

목이 탔다. 입구만 뚫어지게 바라보며 쓸쓸히 앉아 있는 내 모습에 마음이 쓰이는지 웨이트리스가 다가와 유리잔에 얼음물을 찰랑찰랑하게 부어 주었다. 활짝 웃으며 친절을 베푸는 웨이트리스의 눈과 마주치니, 추운 겨울날 거리에서 오들오들 떨고 있는 미아가 된 기분이었다. 상담실 밖에서 만나 달라는 예주의 청을 들어주기 위해 공들여 쌓아 온 커리어를 벼랑 위에 올려놓고 왔다. 20분이 넘도록 입구만 뚫어지게 바라보고 있는데, 예주는 나타나지 않았다. 얼음물을 반쯤 들이켜고는 고개를 창가로 돌렸다.

인기척이 느껴졌다. 예주가 맞은편 의자를 잡아 빼고 자리에 앉았다. 하얀 셔츠 위로 검은 머리카락이 어지럽게 흩어져 있고, 이마와 코끝에 땀이 송골송골 맺혀 있다. 괘씸하단 생각은 언제 그랬냐는 듯 사라지고 그저 나타나 주어 반가웠다. 예주는 미안하다든지 왜 늦었다든지 하는 인사 없이 다짜고짜 오른손을 쭉 뻗더니 내 유리잔에 남은 반 잔의 물을 들이켰다. 때마침 나타난 웨이트리스가 얼음물을 따라 주었다. 예주는 자기 앞 테이블에 놓여 있는 자기 잔을 놔두고 방금 들이킨 내 잔에 얼음물을 받았다. 눈치를 살피던 웨이트리스가 잠시 후 주문받으러 다시 오겠다며 돌아섰다.

"겨우 찾았어요. 길치거든요."

예주는 아직 더위가 가시지 않았는지 머리카락을 뒤로 모아 머리끈으로 대충 올려 묶었다.

"내가 보내 준 주소로 찾기가 어려웠나 보네."

"그냥 상담 끝나고 같이 나오면 될걸. 아직도 이해는 안 가요, 이 모든 형식적인 게."

뾰로통하게 입술이 나온 걸 보니, 더운데 찾느라 고생을 제법 한 모양이었다.

"미안. 상담 끝나고 상담일지 기록도 해야 하고, 바로 나올 수가 없었어."

상담 기록은 핑계고 좋은 레스토랑을 찾고 싶었다고, 미리 약속을 정하고 정해진 약속 시간, 약속 장소에서 예주를 만나고 싶었다고 말하지는 못했다. 아드레날린이 분비된 탓인지 침 분비가 감소해 입이 바짝 말랐다. 새초롬하게 앉아 있는 예주를 지긋이 바라보았다. 상담실 밖에서의 만남은 예주의 요구였는데, 마치 내가 오랫동안 바라던 꿈을 이룬 듯 가슴이 벅찼다.

하얀 창틀 너머를 바라보고 있는 예주의 표정은 모나리자의 미소처럼 모호했다. 프로이트는 모나리자의 미소에서 자제심과 뚜렷한 대비를 이루는 유혹을, 그리고 더없이 온화해 보이는 모습 뒤에 마치 전혀 딴 사람인 듯 남성들을 애태우는 관능을 보았다.

한 연구에서는 모나리자의 미소가 83%의 행복감과 17%의 두려움과 분노로 이뤄져 행복과 불행의 적절한 균형을 이루고 있다고 보았다. 지금 예주의 표정이 꼭 그렇게 모호했다. 과연 행복감이 83%

나 될까. 예주가 입을 다물고 있을 때, 활짝 웃어 주지 않을 때마다 조바심이 났다.

웨이트리스가 나타났다. 예주는 무심히 창밖을 바라보고 난 친절한 웨이트리스의 도움으로 몇 가지 음식을 시켰다. 페타 치즈가 많이 들어간 샐러드와 꼬치 요리인 수블라키, 라자냐와 비슷하지만, 라자냐 누들 대신 얇게 저민 가지를 야채와 고기를 넣고 볶은 것 사이사이에 끼운 뒤 고소한 베샤멜소스를 뿌려 먹는 무사카, 그리스 전통 방식으로 양념해 바비큐한 고기를 얇게 썰어 피타 브레드에 야채와 함께 끼워 먹는 기로스, 그릴에 직접 구워 올리브 오일과 레몬을 뿌린 칼라마리를 시켰다. 무심히 창밖만 바라보던 예주가 고개를 돌려 주문을 추가했다.

"요구르트도요, 꿀 많이 넣어서. 그리고 상그리아 두 잔, 아니 피처로 주세요."

맥주를 한잔하고 싶었지만 내담자와 함께하는 자리에서 알코올이 들어가도 되나 고민하던 중 예주가 거침없이 내 주문과 주저함에 마침표를 찍어 주었다. 그러고 보니 예주와는 이미 놈에서 칵테일을 같이 마신 적이 있었다.

"40도 넘는 우조를 마시는 것보단 나을 것 같아서."

내 걱정을 읽기라도 하듯 예주가 변명했다. 여전히 감정을 읽기 어려운 표정이었다.

"우조를 마셔 본 적 있나?"

오늘 긴 잠에서 깨어난 내 안의 조르바가 우조란 말에 반가운 듯 물었다.

“수빈 언니가 좋아해서 몇 번 마셔 봤어요.”

예주가 잠시 내 눈치를 살피다 말을 이었다.

“정말 신기한 게, 투명한 술이 물에 닿자마자 우윳빛으로 변해 버려요. 맑고 투명한 그대로 마셔 주고 싶었는데 너무 독해서 그만…… 우조에게 미안했어요.”

사실 조르바가 즐겨 마시던 술이란 것만 알 뿐 우조를 마셔 본 적도 없고 색이 변한다는 것도 처음 알았다.

“우조에게 미안해?”

약속 시간에 늦거나, 약속을 펑크 내도 한 번도 사과한 적 없는 예주의 입에서 미안하다는 말이 나오니 나도 모르게 목소리가 커졌다.

“엄청난 거부감이잖아요. 물에 닿자마자 변질되다니. 그 순수를 향한 강한 열망을 지켜 주지 못해서 미안했어요.”

예주는 금세 애도하는 표정이 되었다. 오늘 예주의 표정은 모나리자의 표정보다 더 복잡 미묘하고 읽어 내기 어렵다. 오랫동안 갖고 싶다 졸라 대던 선물을 들고 ‘짠’ 하고 나타났는데 기뻐하지 않는 아이를 본다는 건, 손맥이 탁 풀려 버린 느낌이다.

우조를 시켜야 했나. 우조의 순수를 지켜 스트레이트로 한잔씩 마신다면 이 차갑고 어색한 공기를 조금이나마 덥혀 주지 않을까. 무거운 침묵에 숨이 막히려는 즈음 다행히 상그리아와 칼라마리가 나왔다.

"우리 처음 하는 식산데, 맛있고 즐겁게 하지."

분위기를 띄워 보려고 한 말이 어색했다.

예주가 입매를 살짝 비틀어 올리며 건배했다. 예주는 상그리아 한 모금을 마시고 잔을 내려놓았다. 여전히 말이 없었다. 머릿속에서 무슨 일이 일어나는지 갈피를 잡기 어려웠다.

"방학 때 뭐 특별한 계획이라도 있나?"

예주는 내 질문을 들은 건지 못 들은 건지 상그리아가 담긴 와인 글라스의 미끈하고 날씬한 다리를 손끝으로 만지작거렸다.

"사모님이 첫사랑……인가요?"

느닷없는 질문이었다. 언제나 그랬듯이, 내가 먼저 던진 질문 따위 깡그리 무시되어도 심각한 예주 얼굴을 보면 대답을 찾기에 급급해졌다.

"아니. 아내는 대학 후배야."

예주의 관심을 끌자고 아내를 괴물처럼 묘사하고 싶은 생각도 없지만, 어떤 이미지로든 아내를 화제에 올리고 싶지 않았다.

잠시 그녀의 얼굴이 스치고 지나갔다. 가슴의 통증이 시작되었다. 이 통증은 그럼 예주 때문이 아니었던가. 얼굴 근육의 움직임이 느껴졌지만, 실제로 내 얼굴이 일그러졌는지는 확인할 길이 없었다. 그저 예주의 눈에 그대로 노출될 수밖에.

"그림 그리는 사람을 좋아한 적 있었지. 지금 예주만 할 때쯤."

그녀 얘기가 튀어나와 버렸다. 어색하게 잔을 끌어당겨 상그리아 한 모금을 마셨지만, 입술에 닿는 달콤함이 격조 없게 느껴졌다.

역시 우조를 시킬 걸 그랬나.

"사랑하셨나요?"

여중고생 교실에 배정받은 젊은 남자 교생에게나 던질 만한 질문을 예주는 취조라도 하듯 심각한 표정으로 던졌다.

"그건 내가 묻고 싶었던 질문인데."

괜히 잘못도 없는 예주에게 쏘아붙였다.

"결국 물어볼 기회마저 박탈당했지만."

영문을 모르겠다는 듯 커진 예주의 두 눈을 바라보며 내 잔에 남아 있던 상그리아를 비웠다. 술이 달콤해서인지 그녀에 대한 기억을 되씹는 입맛이 더 씁쓸했다.

"너무 어렸을 때 스치고 지나간 짝사랑 같은 거야."

태연한 척 미소를 지으며 내 잔에 상그리아를 따르고 예주의 잔도 다시 채웠다. 예주와 나는 잠시 각자의 생각에 잠겼다.

'더 이상 다가오지 마!'

예주는 가슴 앞에 팔짱을 단단히 끼고 골똘한 표정을 짓기도 하고, 갑자기 뭔가 생각이라도 난 듯 떠들어 대며 과장된 웃음을 보이기도 했다. 다리를 꼬았다 풀기를 여러 번 반복하며 안절부절못했다. 내 얘기를 들으며 입언저리가 올라가게 미소를 짓고 적절한 간격으로 고개를 끄덕이는 순간에도 테이블 밑에서 위아래로 툭툭 차는 다리의 움직임이 느껴졌다. 예주의 행동들이 분명 예주가 긴장하고 있음을 말해 주는데, 그렇게 만드는 게 도대체 무엇일까. 나처럼 직업윤리를 놓고 갈등할 리도 없고……. 혹시 나를 대하는 것이 아버지와의 관계를 떠올리게 해 심리적 불안감을 일으키고 있는 건 아닐까? 역시 상담실 밖으로 나오는 게 아니었다. 도대체 뭘 기대했던가.

오목한 푸른빛 그릇에 그릭 요구르트가 나왔다. 크림치즈처럼 단단하고 크리미한 질감의 하얀 요구르트 위에 꿀과 견과류가 듬뿍 얹혀 있다. 예주의 얼굴이 환해지며 생기가 돈다. 요구르트 그릇이 테이블 가운데 놓이자마자 옆에 놓인 작은 스푼은 내버려둔 채 오른손을 들어 가늘고 긴 집게손가락으로 요구르트 가운데를 푹 찍어 입으로 가져갔다. 일반 요구르트보다 진하고 풍부한 그릭 요구르트의 맛을 깊이 음미하듯 눈마저 감은 채 손가락을 빨고 있는 예주의 모습은 요구르트 광고 모델이 TV 속에서 튀어나온 것 같았다. 예주가 몸을 살짝 떨었다.

시큼한 요구르트를 별로 좋아하지 않는 나도 예주의 감동에 찬 모습을 보고 테이블 위에 놓인 요구르트를 한 번 찍어 먹어 보고 싶어졌다. 예주는 예의로라도 내게 한번 맛보라는 말을 건네는 법 없이 쪽쪽 빨던 손가락을 다시 요구르트 그릇으로 뻗더니, 처음보다 듬뿍 찍어 입으로 가져갔다. 욕심이 과했는지 손가락에 묻어 가던 요구르트 일부가 입속에 들어가기 직전에 떨어졌다.

버튼 두 개를 열고 있는 하얀 셔츠 사이로 언뜻 보이는 가슴골 가운데 하얀 요구르트와 붉은 크랜베리 조각이 떨어졌다. 유난히 붉어 보이는 작은 크랜베리 조각. 시선을 피하려다 예주의 시선과 마주쳤다. 예기치 못한 장면 때문에 순간적인 착각을 일으킨 건지, 예주의 눈빛에서 당황함이 아닌 도발적인 무언가를 본 것 같아 움찔했다.

무릎 위에 놓였던 푸른 냅킨을 예주에게 건넸다. 예주는 냅킨을 받는 대신 집게손가락을 앙가슴으로 집어넣어 묻어 있는 요구르트를 천천히 닦아 내더니, 다시 입으로 가져갔다. 고개를 돌리고 싶었지만 천천히 진행되는 예주의 동작을 하나도 놓치지 않고 지켜보았다. 목욕하는 수산나를 눈앞에 둔 늙은 장로들처럼. 거친 숨을 몰아쉬며 들이대는 조르바의 머리를 애써 눌렀다.

도발적인 유혹의 표정을 지었다는 건 순전히 내 착각이라고 못 박으려는 듯, 예주의 표정이 싸늘하게 식었다. 83%의 행복감이 아니라 83%의 분노와 공포라 해야 할까.

예주가 자리에서 벌떡 일어나 성큼성큼 걸어갔다. 엉거주춤한 자세로 따라 나가야 하나, 고민하다 예주가 가방을 의자에 두고 나가는 걸 보고 일단 기다려 보기로 했다. 5분 정도 흘렀을까. 초 단위로 분할해 세어 보듯 시간은 더디게 흘러갔다. 남아 있던 얼음물을 모두 마시고 예주 자리에 놓여 있던 본래 내 잔의 물까지 마셨다. 입안이 바싹 타들어 갔다.

예주가 돌아왔다. 셔츠 앞섶이 젖어 있었다.

"갈래요."

예주는 말이 끝나기도 전에 벌써 왼쪽 어깨에 가방을 메고 일어섰다. 등장부터 퇴장까지 내 의견 따위 철저히 무시하며 제멋대로다. 예주는 오른손을 들어 슬며시 왼쪽 어깨에 멘 가방끈을 잡아 젖은 가슴팍을 가렸다.

가방을 주섬주섬 챙겨 계산하고 산토리니 밖으로 뛰어나가니 예주는 벌써 20미터쯤 앞에 걸어가고 있었다. 인사도 없이 그냥 사라지려 했던 모양이었다.

뛰다시피 예주에게 달려가 예주의 어깨에 손을 얹는 순간, 갑자기 홱 돌아서는 예주의 이마가 내 코에 부딪힐 뻔했다. 예주 이마에 난 잔머리들이 내 코를 살짝 간질이고 예주 특유의 꽃향기가 콧속으로 훅 끼쳤다. 반사적으로 뻗은 두 손이 예주의 두 팔을 잡고 밀어내며 안전거리를 유지했다. 예주는 놀란 기색도 없이 눈을 내리깔고 열 없이 서 있었다.

"데려다줄게."

"혼자 갈래요."

예주는 내 팔을 뿌리치고 그길로 찻길 쪽으로 달려갔다. 뒤따라 뛰어 보았지만 예주는 벌써 택시를 잡아타고 가 버렸다.

예주를 태운 택시가 사라진 방향을 향해 한참을 서 있었다. 예주와 함께했던 저녁 시간이 상상이었는지 기억이었는지 갈피를 못 잡도록 아스라해졌다. 손에 잡혔는가 싶으면 어느새 사라져 버리는 신기루처럼 예주는 또 사라졌다.

물속에 목까지 잠겨 있으나 물을 바로 앞에 두고도 마시지 못해 영원한 갈증에 허덕이는 탄탈로스처럼 바싹 타들어 간 입술을 마른 혀로 핥았다. 금지된 과일에 대한 허기 역시 탄탈로스의 형벌처럼 영원할 것만 같았다.

우조의 순수

경계를 허물고 나니 벌겋게 속살을 드러낸 처녀처럼 부끄러웠고, 껍질이 벗겨져 붉은 살점에 피가 흐르듯 쓰리고 아팠다. 온몸이 타들어 가는 갈증은 놈에 있는 술을 몽땅 들이부어도 해갈될 것 같지 않았지만, 뜨거워진 이 몸을 받아줄 곳도, 식혀 줄 곳도 놈밖에 없었다.

"우조!"

바에 놓여 있던 높은 의자에 걸터앉자마자 가쁜 숨을 몰아쉬며 날카롭게 부르짖자, 놈 주인의 눈이 휘둥그레졌다. 호기심 잔뜩 어린 눈빛이 뭔가를 묻고 싶어 하나, 카페 주인은 이럴 때 자신의 역할을 정확히 알고 경계선 바로 앞에서 멈출 줄 알았다.

"온 더 록스로 드릴까요?"

"스트레이트로."

"40도 넘는 독한 술인데."

평소 내 술 취향이나 주량을 아는 카페 주인이 걱정 어린 표정으로 눈치를 살폈다. 이 전문가의 눈에는 내가 우조를 마셔 본 적 없다는 사실도 훤히 들여다보일지 모른다. 대꾸하지 않고 카페 주인의 눈을 똑바로 응시하는 것으로 내 결연한 의지를 보였다. 그는 더 이상 실랑이하지 않고 작은 위스키 잔에 투명한 우조를 따라 내왔다. 반쯤 찬 얼음물 한 잔을 함께 놓아 주는 센스도 잊지 않았다.

"독특한 아니스 향 때문에 싫어하는 분도 많은데."

술잔을 받아 카페 주인을 향해 건배하듯 살짝 들어 올리며 혼잣말로 중얼거렸다.

"우조의 순수를 위해!"

단번에 목구멍으로 털어 넣었다. 예상치 못했던 강력한 향에 정신이 번쩍 들었다. 타는 목을 축이기 위해 불을 마신 꼴 아닌가. 옆에 놓여 있던 얼음물을 벌컥 들이켰다.

내가 '우조의 순수'를 지켜 줬다고 말할 수 있을까. 자조 섞인 목소리로 스스로를 질타했다. 눈앞에서 우윳빛으로 변하는 걸 보진 못했지만, 우조는 내 목구멍을 타고 위장으로 다 흘러가기도 전에 우윳빛으로 변했을 것이다. 내 눈으로 보지 못했다고 자위하며 '눈 가리고 아웅'할 뿐 '우조의 순수' 따위 애초부터 관심 없던 건 아닌지.

우조에게 미안했다.

뭔가 뜨거운 것이 목울대까지 넘어오려 해 목소리를 낼 수 없었다. 손짓으로 우조 한 잔을 더 시켰다. 이번에도 눈을 감고 목구멍으로 단번에 털어 넣었다. 여전히 강한 향에 정신이 번쩍 났다. 물잔을 외면했다. 우조의 순수를 위해 한 번쯤은 견디고 싶었다. 그렇게 몇 잔인가 우조를 시켜 스트레이트로 연거푸 마셨다. 눈을 감으면 내 몸이 빙글빙글 도는 듯 어지러워 테이블을 붙들었다.

휴대폰에 문자 메시지를 확인한 시각은 10시 52분. 발신인이 '홍예주'인 걸 발견하자 갑자기 술이 깼다. 메시지가 수신된 시각은 10시 35분.

완벽하게 혼자라는 걸 느끼는 밤이네요.

저 아래로 뛰어내리면 아플까요?

S 호텔 1303호

응급상황이다. 자살하기 직전에 SOS를 보내는 것이라면, 이럴 때일수록 침착하고 안정된 태도를 가지고 내 역할에 대한 기준을 분명히 세워야 한다.

지갑에서 잡히는 대로 만 원짜리 몇 장을 테이블 위에 올려놓고 놈을 뛰쳐나오며 예주에게 전화를 걸었다. 받지 않았다. 기다려라, 제발.

S 호텔은 놈에서 그리 멀지 않은 곳에 있었다. 우리 학교를 비롯해 대학가들이 밀집한 이 지역 번화가 중심, 전철역 근처에 있다. 걸어도 될 만큼 가까운 거리였지만 마음이 급해 놈에서 뛰쳐나와 좁은 골목길을 빠져나오는 내내 주위를 두리번거리며 택시를 찾았다. 금요일 밤. 이곳은 골목골목마다 흥청거리고 사람마다 비틀거렸다. 조금 큰길가로 나와 간신히 택시를 잡아탔다. 기본요금 거리인 호텔 이름을 대자 기사가 얼굴을 찡그렸다. 5분이 되지 않아 호텔에 도착했다. 오래된 호텔이다. 수많은 사람이 호텔 앞을 지나쳤다. 학교 근처의 호텔이라니. 잠시 고개를 숙인 채 망설였지만, 그럴 시간이 없었다. 안으로 들어갔다. 20년이 넘은 오랜 세월을 고스란히 보여 주는 외관과 달리 호텔 내부는 깨끗했다. 로비의 대리석 바닥은 거울처럼 은은한 조명 빛을 반사하고 있었다. 서둘러 엘리베이터를 찾아 올라탔다.

정말 자살하려는 걸까?

자살 충동이 있고 실제로 과거에 시도한 적이 있지만, 충동의 절제 능력 측면에서 봤을 때 예주는 분명 고위험군이 아니다. 이 모든 것이 유혹일 수 있다. 계속해서 나와 사적인 관계를 맺고 싶다는 의도를 드러내 왔고 최근에 수빈과도 헤어졌으니 그 공허감을 다른 누군가로 채우고 싶을 수 있다. 이미 어린 시절 아버지와의 성관계를 경험한 예주로선 스무 살 이상의 나이 차이도, 내게 아내가 있다는 사실도 관계를 가로막는 장애물로 인식되지 않을 것이다. 상담 초기로 완전히 치유되지 않은 상태니 100% 합리적인 사고를 기대하기 어렵다.

사실 이 모든 생각이 다 개소리로 여겨졌다. 자살로부터 구해주길 바라는 SOS든 내게 보내는 유혹의 손길이든 상관없다. 그냥 예주가 보고 싶다.

누군가의 방문을 기다리는 듯 문이 빼꼼히 열려 있었다. 다시 한번 망설였다. 들어가기 전과 들어간 후, 내 인생은 이 문을 기점으로 엄청난 소용돌이 속으로 빠져들지 모른다.

우조에 얼큰하게 취한 조르바는 내일은 생각하지 말라고 소리쳤다. 천천히 조심스럽게 문을 밀었다. 문은 소리도 없이 스르르 열렸다. 바닥에 깔린 회색빛 카펫이 내 발소리를 집어삼켰다. 무거운 적막만 깔렸다. 방안을 분간케 하는 어스레한 빛은 겨우 창가에 서 있는 스탠드 하나에서 힘겹게 스며 나오고 있었다.

스탠드 옆 넓은 창 앞에 서서 밖을 내다보는 뒷모습. 예주다. 긴장이 풀려 다리에 힘이 빠졌다. 금방이라도 주저앉을 것만 같았다. 예주가 아무 일 없이 저렇게 가만히 서 있다는 게 너무 반갑고 기뻐 눈물이 날 것 같았다.

하얀 셔츠 위로 풀어 헤친 탐스러운 검은 머리가 꽃보다 찬란하게 흐드러져 누가 봐도 고혹할 만했다. 셔츠 속으로 언뜻 예주의 매끈한 실루엣이 보였다. 정말 속이 비치는 셔츠인 건지 아니면 내 뜨거운 시선이 셔츠를 뚫고 상상의 실루엣을 그려 낸 건지조차 모호했다. 하얀 시트로 깨끗하게 정돈된 침대 하나만 지나면 손이 닿을 거리에 예주가 서 있다.

머리부터 발바닥까지 뜨거워졌다. 암컷의 상대적인 아름다움을 생각하지 않고 생식을 하는 원숭이는 이런 일을 이해할 수 없다. 사람은 이성(異性)을 아름다움의 등급을 가진 개인으로 여긴다. 성적인 무대에서 강력한 영향력을 행사하는 심미적 경향은 분류 욕구를 고도로 발전시켜 아주 미세한 차이, 즉 코의 각도나 뺨 곡선의 미세한 차이만으로도 '매력'과 '혐오'라는 극단의 판단에 이르게 할 수 있다.

아름답다.

돌아설 수 있는 마지막 기회. 속이 비치는 셔츠 외에는 실오라기 하나 걸치지 않은 저 모습은 '자살'보다는 '유혹'이다. 뒤로 두 발짝만 걸어 나가 문을 닫으면 이 유혹으로부터 안전하게 나를 지킬 수 있다. 문손잡이를 잡고 있던 오른손에 경련이 일었다.

이성의 충고에 아랑곳하지 않고 몸은 유혹의 신호에 반응하고 있었다. 전신의 핏줄은 터질 듯 팽창돼 뜨겁게 달아올랐다. 심장은 뛰는 속도를 점점 높였다. 얼굴이 벌겋게 달아올랐다. 문손잡이를 잡은 손에 땀이 배고 부르르 경련이 일었다. 머릿속 전쟁터에서 어느 한쪽이 승리하지 못해 결정을 내리지도 못한 그때, 오른손이 제멋대로 문을 닫아 버렸다.

내 몸은 방을 미쳐 빠져나가지 못했다. 이제 세상과 단절된 채 이 작은 방안에 예주와 나, 단둘만 남았다. 문이 닫히는 소리에 인기척을 느꼈을 텐데 예주는 미동도 하지 않은 채 창밖을 바라보며 서 있다. 밖에서 누가 문을 잠근 것도 아닌데, 문이 '열림'에서 '닫힘'으로 바뀐 것만으로도 결정이 쉬워졌다.

예주에게 다가갔다. 예주의 향기가 코로 훅 끼쳐 들었다. 창이 예주의 모습을 희미하게 반사했다. 예주는 눈을 감고 있었다. 고혹적인 뒷모습과 달리 창에 비친 예주의 얼굴은 애써 표정을 지운 듯 부자연스러웠다. 슬퍼 보였다.

그토록 얼굴을 묻어 보고 싶었던 예주의 탐스러운 까만 머리카락에 코를 묻고 입술을 댔다. 여전히 눈을 감고 있지만 예주의 작은 떨림이 코와 입술로 전해졌다. 흑진주 같은 머리카락에 입을 맞추며 두 손으로 예주의 작은 어깨를 감싸 쥐었다. 예주의 떨림이 손바닥을 통해 전해졌다. 예주에게 한 발 더 다가서자, 예주의 어깨가 움츠러들었다. 눈을 감은 채 예주의 체온을 느끼며 잠시 멈추었다.

눈을 떴다. 창에 반사된 예주의 시선과 정면으로 마주쳤다. 흠칫 놀랐다. 노려보는 예주의 눈빛에 섬뜩함을 느꼈다. 내 눈을 의심하며 눈을 길게 감았다 다시 떴다. 예주는 언제 눈을 뜬 적이 있었냐는 듯 눈을 감고 있었다. 눈가가 반짝였다.

내 안 어디에 그런 폭풍 같은 열정이 있었는지 나 자신에게 놀랐다.

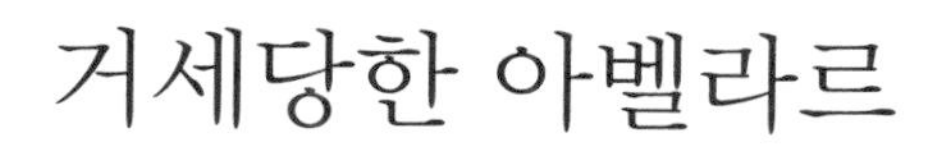

거세당한 아벨라르

왜 이렇게 아프지?

머리가 지끈거리며 쑤셨다. 눌어붙은 눈꺼풀을 힘겹게 들어 올렸다. 쏟아지는 햇살에 눈이 부셔 얼른 눈을 다시 감고 찡그렸다. 눈두덩이 부어올라 영 불편했다. 지끈대는 머리를 두 손으로 감싸 쥐고 생각하던 찰나, 번뜩 머리를 스치는 게 있어 눈꺼풀을 번쩍 들어 올렸다.

할로겐 등이 나란히 박힌 천장이 낯설었다. 갑자기 섬뜩해 주위를 돌아보니 집이 아니다. 침대 왼편 큰 창으로 쏟아져 들어오는 따가운 햇살은 해가 이미 중천까지 솟았음을 말해 주고 있다. 창 앞에 테이블과 의자 두 개가 조금 어지럽게 놓여 있다. 그 외에는 모든 것이 잘 정돈된 호텔 방. 다급히 휴대전화를 찾았다. 꺼져 있던 휴대전화의 전원이 켜지는 시간이 영원처럼 길었다. 오전 11시 5분. 아내로부터 두 개의 메시지가 와 있었다.

4시 45분: 별일 없는 거죠?

6시 15분: 여보 어디 있는 거예요? 제발 전화 좀…….

금방이라도 쪼개질 것 같은 머리로 최선을 다해 어젯밤 일을 복기했다. 호텔 방문을 열었던 그 순간부터 영사기가 돌아가듯 어젯밤 일이 영화처럼 눈앞에 펼쳐졌다. 바로 몇 시간 전의 일인데 빛바랜 클래식 영화처럼 멀고도 오랜 일처럼 느껴졌다. 관능적인 예주의 뒷모습과 탐스러운 예주의 머리채 속에 얼굴을 파묻는 나. 영사기를 멈추었다.

예주는 이미 떠나고 없었다.

마약을 직접 해 본 적은 없지만, 분명 약에 취해 흥분하고 그 약 기운에서 깬 다음이 이렇지 않을까. 극심한 고통이 나를 갈가리 찢어 놓았다. 잠시 뒷전으로 물러났던 이성의 날카로운 칼날이 나를 난도질하기 시작했다. 머리부터 발끝까지 새빨개졌다. 예주에게 몹쓸 짓을 했다는 자괴감에 머리를 감싸 쥔 채 벽에다 몇 번 짓찧어 보았다. 지끈거리는 머리가 금방이라도 두세 조각으로 갈라질 것만 같았다.

이제 예주 얼굴을 어떻게 볼 수 있을까. 죄책감이 강해질수록 마치 마약 중독자가 더 간절히 마약을 찾듯이 예주를 찾기 시작했다. 예주에게 전화를 걸었다. 다행인지 불행인지 전원이 꺼져 있었다. 꺼져 있던 전원이 그새 다시 켜질 리 없다는 걸 알면서도 대여섯 번 더 발신 버튼을 눌렀다. 예주와 단절되었다는 사실에 엄청난 적막감이 엄습했다. 팔다리가 무참히 잘리고 뜯긴 덩굴처럼 아팠다.

일주일이 어떻게 지나갔는지 모르겠다. 하루에도 수십 번씩 예주에게 전화를 걸었지만, 전원이 꺼져 있다는 친절한 메시지만 돌아왔다. 예주는 도대체 어디 있는 걸까.

아내와는 냉전 중이다. 거짓말로 적당히 둘러댄다면 착하고 이해심 많은 아내가 절대로 그 이상 추궁할 리 없을 텐데. 이번만큼은 스스로 거짓말을 용납할 수 없다는 생각에 묵비권을 행사했다. 눈물을 쏟기도 하고 미친 듯이 화를 내다 주저앉기도 하는 아내를 보면 안타까웠지만, 무슨 말을 해야 할지 막막하기만 했다.

17세 꽃다운 소녀 엘로이즈의 개인교사였던 39세 아벨라르. 엘로이즈가 임신을 하자 발칵 뒤집힌 그녀의 집안은 도저히 용납하지 못하고 자객을 보내 아벨라르를 거세했다. 결국 아벨라르는 수도원에, 엘로이즈는 수녀원에 보내져 각각 1142년과 1164년에 세상을 떠나고서야 같이 나란히 누울 수 있었다. 사랑했으나 엘로이즈를 지켜 주지도, 평생 곁에 있지도 못했던 아벨라르. 스스로를 벌주기 위해 거세라도 하고 싶은 심정이었다.

실낱같은 희망을 품고 있던 나는 연구실에 앉아 안절부절못하고 기다렸으나 5시가 넘어가자 결국 다리에 맥이 풀렸다. 상담 시간에도 예주는 나타나지 않았다. 당연한 일이다. 기본적인 윤리규정도 지키지 않는 상담자에게 어떻게 상담을 받을 수 있겠는가.

예주를 찾아야 한다. 아무 일 없는지 확인하고 싶었다. 상담일지를 다시 뒤져 봐도 내담자 프로파일에는 이미 내가 알고 있는 번호 한 개뿐이다. 주소지로 적혀 있는 곳은 학교 근처로 이미 어젯밤에 다녀왔다. 그곳엔 키가 작달막한 예주 또래의 여자뿐이었다. 이사 들어온 지는 2주쯤 되었고, 그 전에 누가 살았었는지 전혀 들은 바가 없다며 경계심 가득한 얼굴로 나를 훑어보았다.

"2학년 홍예주 학생 연락처 좀 알 수 있을까요?"

염치 불고하고 불문과 사무실을 찾아갔다. 불문과가 있는 인문대 건물은 바로 지척에 있음에도 자주 드나들지 않아 낯설게 느껴졌다.

불문과 사무실은 우리 과 사무실과 별반 다르지 않았다. 안쪽 벽에 붙어 있는 캐비닛들, 기역 자로 놓여 있는 책상에는 의자 네 개가 있었다. 책상마다 놓인 데스크톱 컴퓨터 본체에는 제각각 색색의 포스트잇이 몇 장씩 붙어 있고, 저마다의 책상에는 각자의 취향대로 필기구가 꽂혀 있는 연필꽂이며 자그마한 인형, 액자 등이 놓여 있었다. 다 퇴근했는지 조교 한 명만 남아 귀찮다는 표정으로 나를 쏘아보았다.

"심리학과 이주한 교순데, 예주 학생이 상담을 펑크 내고도 연락이 되질 않아서."

제 발 저린 도둑처럼 묻지도 않았는데 변명을 늘어놓았다.

"홍예주요? 그 학생 2주 전쯤 찾아와서 휴학 원서 받아 갔는데. 이제 기말고사만 보면 끝인데 당장 휴학하고 싶다고 황당한 소릴 해서 기억나요. 다음 학기부터라도 하겠다고 휴학 원서 받아 갔어요."

휴학하는 학생이 넘쳐나는 시대니 별로 대수롭지 않다는 듯 설명하던 조교는 이제 퇴근 좀 하게 비켜 달라는 듯 요란하게 자리를 정리하고 가방을 챙겼다.

뒤통수를 둔기로 얻어맞은 듯 한동안 머리가 멍했다. S 호텔에 발을 들여놓기 전, 이미 예주는 이곳을 떠날 준비를 했단 말인가. 귀밑에서부터 목을 타고 좁쌀 같은 소름이 돋았다. 기말고사만 보면 마무리되는 학기를 휴학 처리하고 싶을 만큼 예주를 다급히 이곳에서 몰아낸 것이 도대체 무엇일까. 예주의 상담자라면서 나는 예주에 대해 얼마나 알고 있던 걸까. 오수빈과 헤어지는 것이 이곳을 떠나고 싶을 만큼 힘들었던 걸까. 예주는 정말 뛰어내리고 싶었던 건가…….

이 세상을 떠나려 했다면 휴학계 따위 내려는 생각은 하지 않았을 것이다. 도대체 그 다급한 이유는 무엇일까. 얼마를 계획하고 있는지는 알 수 없으나 예주는 작정하고 사라졌다. 8월이 휴학계를 내고 처리하는 기간이지만 온라인상으로도 신청이 가능하니 아마 예주는 학교에 나타나지 않을 것이다. 예주의 행방을 알 길이 없다.

"혹시 홍예주 학생 어디 있는지 아나?"

소용없는 일인 줄 알면서도 불문과 과방을 기웃거려 보았다. 한산한 과방에는 여학생 두 명이 뭐가 그리 재미있는지 깔깔거리며 얘기하다, 호기심 반 경계심 반인 얼굴로 나를 위아래 훑어보았다.

"예주 기말고사 때도 안 나타나고. 못 본 지 일주일도 넘었는데요."

시원하게 목을 드러내도록 짧게 커트한 머리에 키가 작달막한 여자애 쪽이 대답했다.

"그럼 혹시 예주 친구 오수빈이란 학생은 어떻게 연락할 방법이 없을까?"

내 질문에 갑자기 여학생 둘이 서로 시선 교환을 하더니 한층 더 경계의 빛을 띠며 내 쪽을 다시 돌아보았다.

"근데 누구세요?"

이번엔 구불구불한 긴 머리를 하나로 올려 묶은 쪽이 퉁명스럽게 물었다.

"난 이 학교 심리학과 이주한 교순데."

마치 그들이 모든 사실을 훤히 알고 있기라도 한 것처럼 귓불까지 빨개졌다.

"심리학과? 걔가 왜 심리학과에?"

자기들끼리 이상하다는 듯 몇 마디 수군대더니 짧은 머리 쪽이 나를 보며 말했다.

"제가 오수빈인데요."

여학생 두 명의 쑥덕거리는 소리가 아직도 뒤통수를 따라오는 것 같았다.

잔디밭에서 예주와 키스하던 모습, 놈에서 예주와 애정 행각을 벌여 내 질투심을 자극했던 오수빈의 모습이 아직도 생생한데. 방금 불문과 과방에서 만난 오수빈이란 여자애는 아무리 끼워 맞춰 보려 해도 내가 알고 있는 오수빈이 아니다. 설령 오수빈이 그 긴 머리를 잘라 버렸다 해도 예주와 비슷하던 키까지 줄이지는 못했을 거고, 무엇보다도 예주와 깊은 관계였던 오수빈이 예주 이름을 듣고도 그렇게 시큰둥한 표정으로 대답하지는 못했을 것이다.

예주는 도대체 어디로 사라진 걸까. 그동안 내게 보여 준 행동과 말 중에 진실은 얼마나 들어 있는 걸까. 매일 술을 마셨고, 모든 게 시들해졌으며, 점점 귀가가 늦어졌다.

나비처럼 훨훨

그녀가 없다.

오늘만큼은 그녀와 함께 눈을 뜨고 잠시도 그녀와 떨어지지 않고 하루를 온전히 보내리라. 내일 아침 낯선 곳으로 떠나야 한다는 생각보다 그녀와 하루를 온전히 보낼 수 있다는 설렘이 더 컸다. 이 짧은 순간도 아까워 그녀를 품에 안기 위해 침대 위를 더듬었는데, 그녀가 없었다.

벌떡 일어나 벽에서 스위치를 더듬어 찾았다. 형광등이 깜박깜박하다 켜지고 어둠에 익숙해진 눈이 빛을 견디지 못해 절로 감겼다. 부릅뜬 눈으로 방안을 샅샅이 뒤졌다. 색이 누렇게 바랜 벽지가 남루해 보이긴 해도 그 외의 모든 것은 깔끔하게 정돈되어 있었다. 벗어 던졌던 바지와 남방이 방금 옷 가게에서 사 온 듯 반듯하게 개어져 있었다. 밤새 함께 마셨던 소주병과 과자 봉지는 들고 나가 버렸는지 눈에 띄지 않았다. 화장실도 사용한 흔적을 지우고 청소와 정돈을 깨끗이 해 놓았다. 분명 그녀의 손길이다.

그녀가 사라졌다. 메모 하나 남기지 않았다.

머릿속이 하얘지고 가슴이 쿵쾅거렸다. 반듯하게 개어 놓은 옷을 집어 드는데 울컥했다. 옷을 서둘러 입고 밖으로 나왔다. 동트기 전 거리는 어두웠고 희미한 가로등 불빛과 어지럽게 뿜어 대는 모텔 간판의 네온사인이 대조를 이루며 간밤의 따스하고 황홀했던 기억이 갑자기 초라한 싸구려로 전락했다. 온몸이 부르르 떨렸다.

내게 주어진 시간은 단 하루뿐인데, 그녀를 찾을 수 있을까.

지옥 같은 훈련과 자대 적응 기간을 마친 후 군대 첫 휴가.

100일 만에 사회에 나와 처음으로 달려간 곳은 집이 아니라 B 대학교 서양미술학과였다. 군복을 입고 군화를 신은 나를 보고 여학생 몇 명이 호기심 가득한 눈으로 바라보다 자기들끼리 수군거렸다. 그중 한 학생이 가엾다는 눈빛으로 나를 바라보더니 일어나 잠시 사라졌다 돌아왔다. 그 여학생이 내게 종이봉투를 하나 건넸다.

"이거 그쪽이 보낸 거 맞죠?"

내 눈치를 살피며 작은 목소리로 얘기하는 여학생의 말을 듣는데, 봉투 속을 보지 않아도 내용물을 짐작할 수 있었다. 두툼한 하얀 봉투들, 내가 부친 편지들이 그 안에 들어 있을 터였다. 그 편지를 쓰며 흘렸던 눈물과 얻어터져 생긴 상처와 멍들이 잠시 머릿속을 스쳐 갔다.

"우리 과엔 정예진이란 학생 없어요."

병신 같은 놈. 아직도 몰랐단 말인가. 대낮에 군복 차림으로 혼자 앉아 소주를 벌컥벌컥 마시고 있는 나를 사람들이 흘금흘금 보며 자기들끼리 수군댔다. 빈속을 따갑게 훑어 내려가는 소주도 위로가 되지 않았다. 이 넓은 세상에 오직 둘만 존재하듯 보냈던 그 꿈결 같은 시간도 그녀와 함께 증발해 버려 이제는 현실감이 없었다.

모두가 하룻밤 꿈이었다.

하지만 그녀에게서 나던 싱그러운 꽃향기와 깊은 눈으로 나를 응시하던 그 눈빛, 그리고 미소는 여전히 강렬하게 내 기억 속에 남아 있었다. 믿기질 않았다. 그 표정이 어떻게 거짓말하는 자의 표정일 수 있지. 배신감에 치를 떨며 마시기 시작한 소주가 몸에 들어가자 점점 더 많은 세포가 그녀를 애타게 찾기 시작했다. 원망은 옅어지고 그저 그녀가 나타나 주기만 한다면 모든 것을 용서할 수 있을 것 같았다. 그녀를 찾을 수 있는 일말의 단서라도 얻을 수 있다면, 내 영혼이라도 팔고 싶었다.

이제 그녀에 대해 내가 알고 있는 정보란 건 '정예진'이란 이름 세 글자.

소주 몇 잔을 더 털어 넣었다. 머리를 식탁 위에 짓찧기 시작했다. 툭, 툭, 툭……. 나무에 부딪히는 둔탁한 소리가 동굴 안에서 울려 퍼지는 메아리처럼 귓전을 울리고 머리는 깨질 듯 아팠지만, 가슴을 에는 아픔에 비하면 머리의 통증은 너무 흐릿했다.

정예진, 이 이름은 진짜일까.

미제레레

금요일 오후, 오늘도 별 기대 없이 테이크아웃 커피 한 잔을 손에 들고 연구실로 향했다. 언젠가 예주가 뚫어져라 응시했던 창밖을 내다보기도 하고, 이젠 달달 외울 정도가 된 예주의 상담일지를 다시 들춰 보기도 할 것이다. 오후 4시가 다가오면 어김없이 설레는 마음으로 문이 열리기를 기다릴 것이다. 4시가 넘어가면 여느 때와 다름없이 손목시계를 자주 확인할 테고, 연락도 없이 나타나지 않는 예주에게 화를 냈다가, 나타나 주기만 한다면 모든 걸 용서하겠다고 혼자 중얼거리기도 할 것이다. 지금 내가 할 수 있는 일이란 이런 것뿐이다.

"교수님, 소포가 와 있는데요. 프랑스에 아는 분이 계시는가 봐요."

동그란 뿔테 안경을 쓴 단발머리 조교가 두꺼운 서류봉투 크기의 주황색 상자를 건넸다. 모호하게 답을 흐리며 얼른 소포를 들고 과 사무실을 나왔다. 대답은 그렇게 했지만 내심 짚이는 데가 있었다. 주황색 상자 가운데 짙은 파랑이 굵은 띠처럼 둘러 있고 그 위에 굵고 큼직한 글씨로 Colissimo(콜리시모: 프랑스 우체국 택배)라고 씌어 있었다. 보내는 사람은 성도 없이 'Camille'라고만 적혀 있다. 카미유? 그런 이름을 가진 사람을 알지 못하지만, 가슴은 여전히 방망이질쳤다.

상자를 열자 편지와 두툼한 서류봉투가 나왔다. 서류봉투는 봉해져 있고, 두 손으로 더듬어 내용물을 짐작해 보건대 서류들이 얇은 노트 한두 권 분량으로 들어 있음 직했다. 다시 한번 심호흡을 크게 하고 먼저 편지를 읽기 시작했다.

> 깜짝 놀라셨죠? 아닌가?
>
> 교수님은 이미 소포를 받는 순간 예주란 걸 눈치채셨을 것 같아요.
>
> 혹시 같이 보낸 서류봉투도 벌써 열어 보셨나요?
>
> 아직 아니라면 편지를 다 읽고 열어 주세요.

예주다.

두 달간 마음 졸이며 기다렸던 시간이 주마등처럼 머리를 훑고 지나갔다. 예주가 쓴 글씨들이 활짝 웃으며 톡톡 던지는 예주의 말투를 기억나게 했다. 길쭉하고 늘씬한 예주의 모습과 달리 예주의 글씨는 꾹꾹 눌러쓴 듯 단정하고 동글동글한 게 귀여운 인상이었다. 나도 모르게 입술이 당겨 올라갔다. 너무 벅차올라 잠시 편지를 내려놓고 숨을 골랐다.

편지라곤 하지만 팬시점에서 파는 예쁜 편지지가 아니다. 갱지로 된 크로키 북을 찢어서 쓴 듯 누르스름한 종이 한 면은 스프링에서 찢겨 나온 그대로 너덜거렸다. 여백에는 군데군데 연필로 간단한 스케치도 되어 있었다.

호기심이 발동해 서류봉투 쪽으로 손을 내밀었다. 하얀 서류봉투는 봉투 입구를 셀로판테이프를 붙여 봉해 놓았는데 접착력이 약했는지 이미 반쯤 떨어져 나갔다. 떨어진 셀로판테이프를 죽 잡아당기자 남은 부분도 힘없이 떨어져 나왔다. 봉투가 열렸다. 가슴은 쿵쾅거렸지만 두려움보다는 설렘에 가까웠다. 예주의 동글동글 귀여운 글씨를 보고 바싹 말라비틀어졌던 가슴에 단비라도 내린 듯 희망이 생겼기 때문이다.

봉투 속에서 종이 뭉치를 꺼냈다. 그 순간 몇 장의 복사본들 사이에 끼어 있던 사진 한 장이 발 옆으로 툭 떨어졌다. 종이 뭉치를 잠시 내려놓고 고개를 숙여 사진을 집어 들었다. 쾨쾨한 냄새를 풍기진 않았지만, 유행에 뒤떨어진 촌스러운 사진. 낯이 익다 싶어 자세히 들여다보니 내 얼굴이었다. 사진 속의 나는 누군가와 나란히 서 있는데 수줍음 때문인지 옆 사람의 손과 살짝 닿아 있기만 할 뿐 시원스레 손을 잡지도 못하고 엉거주춤한 자세다. 같이 찍은 여자를 유심히 들여다보다 머리를 한 대 맞은 듯했다.

그녀다.

그녀가 떠난 뒤 왜 그 흔한 사진 한 장 남겨 두지 못했을까, 얼마나 후회했던가. 그런데 지금 내 손에 그녀의 사진이 들어온 것이다. 그런데 왜 예주가 이 사진을……?

불길한 생각이 들었다. 심장 박동은 횟수를 가늠하기 어렵게 빨라졌다. 떨리는 손으로 테이블 위에 놓여 있던 종이 뭉치를 들고 빠른 속도로 훑어 갔다. 그녀의 일기장을 부분부분 복사한 것으로 내 이름이 자주 등장했다. 터질 듯이 뛰는 가슴과 현기증 때문에 문장을 제대로 이해하는 게 힘들었지만 읽는 걸 멈출 수 없었다.

글을 온전히 이해했다고는 할 수 없지만 대강을 말하자면, 그녀는 임신 사실을 내게 알리지 못하고 사라져 버린 후, 나이 많은 남자와 결혼해 딸을 낳았다. 그 딸의 이름을 그녀의 이름 '정예진'의 '예'자와 내 이름 '이주한'의 '주'자를 따서 '예주'라고 지었다.

일기장 복사본 맨 뒷장에 언제 그렇게 주도면밀하게 준비했는지 예주가 나의 친딸이 맞다는 친자확인 유전자 검사 결과지까지 있었다. 결과지를 찢어 버렸다. 일기장 복사본들도 부들부들 떨리는 손으로 움켜쥐어 구겼으나 차마 찢지는 못했다. 한기가 들었다. 혼자 있음에도 주위를 자꾸 두리번거렸다.

거짓말.

예진도 예주도 내게 거짓말만 해대고 사라져 버린 이들 아닌가. 누군가가 날 괴롭히기 위해 예주를 사칭해 이런 것들을 보낸 거라고 믿고 싶었다. 사시나무 떨듯 떨리는 손으로 구겨진 일기장 복사본과 찢어진 친자확인 유전자 감식 결과지를 줍는데, 자꾸만 떨어뜨렸다 다시 줍기를 반복했다. 아무도 없는 주위를 나도 모르게 이리저리 돌아보며 책상 서랍에 그것들을 집어넣고 열쇠로 잠갔다. 그래도 안심이 안 되었다.

도대체 며칠이 지난 걸까. 오한이 나서 이불을 몇 채 뒤집어써도 춥고 떨렸다. 모든 것이 거짓이라고 부인하며 자신과 싸우느라 머리는 깨질 듯 아팠다. 누구와도 말하지 못했고, 음식을 입에 넣을 때마다 게워 냈다. 죽은 듯 잠 속으로 빠져들었다 링거를 맞고 잠시 정신이 들기도 했다. 꿈에서 예주와 예진이 나타나 관능적인 몸짓으로 나를 유혹하기도 했고, 열심히 뒤를 쫓는 내 손에 겨우 잡힐

만하면 신기루처럼 사라지기도 했다. 아무것도 생각하고 싶지 않았다. 이대로 저세상으로 가면 좋겠다는 생각이 들었다. 도대체 링거를 몇 대나 맞은 건지 음식을 입에 대지 않고도 생명은 끈질기게 연장되었다.

상담자로서 내담자인 예주가 아버지에게 성폭행당하는 장면을 묘사할 때 충분히 공감했다고 생각했지만 얼마나 위선적이었던가. 예주는 내 표정을 보며 고통을 되새김질했을지도 모른다. 아직도 내가 예주의 친부라는 게 믿기지 않지만, 어린 내 딸을 의붓아버지라는 늙은이가 짓밟았다고 생각하니 피가 거꾸로 솟고 눈알이 튀어나올 것 같았다. 예주는 얼마나 놀라고 아팠을까.

그런 예주에게 도대체 무슨 짓을 한 건가. 상처받아 떨고 있는 딸에게 성적인 욕망이나 품었던 나는 도대체 어떤 인간인가. 할 수만 있다면 내 몸을 종잇장처럼 갈기갈기 찢어 버리고 싶었다.

온몸을 오들오들 떨다 억울하다는 생각이 들었다. 예진을 얼마나 오랫동안 그리워하고 찾아다녔던가. 하지만 예진이 내게 남긴 거짓 정보들은 그녀를 찾아주기는커녕 나를 막다른 골목 앞으로 인도했다. 그녀를 사랑했기에 고통으로 기다렸던 시간이 다시 한번 몸으로 느껴졌다. 최소한 예주의 존재에 대해 알리기라도 했다면 이 모든 불행을 피할 수 있었을 텐데. 예진에 대한 원망이 다시 스멀스멀 피어올랐다. 다른 한편으로는 일기장에 절절히 써 놓았던 그녀의 사연들이 떠올라 가슴이 조각조각 저며졌다.

어떻게 친딸에게 성적 욕망을 품을 수 있는가?

나는 상담자로서 최선을 다했고 정말 어쩔 수 없는 일이었다고, GSA(Genetic Sexual Attraction: 유전적 성적 이끌림) 때문이었다고, 누가 추궁하지도 않는데 궁색한 변명을 늘어놓았다.

GSA는 1980년대 후반에서야 미국에서 언급되기 시작한 만큼 역사가 그리 깊지 못하다. 20년 이상 상담을 해 오면서도 GSA에 해당하는 사례를 직접 본 적은 없었다. 내가 그 사례가 될 줄이야. GSA란 부모-자식 간, 또는 남매 관계처럼 유전적으로 동질을 보이는 두 사람이 아주 어린 시절에 헤어져 오래 만나지 못하다가 성인이 된 후 처음 만나면 상대방에게 성적으로 큰 매력을 느끼고 빠져들게 되는 것을 말한다. 쉽게 말해 '근친 간에 발생하는 성적 충동'이다. 근친 간이라도 어린 시절 일정한 시간을 동일한 생활환경에서 함께 보내면 웨스터마크 효과(Westermarck effect)에 의해 성적 충동이 사라진다. 하지만 어린 시절을 함께하지 못한 근친 간에는 유전적 동일성 때문에 서로에게 강하게 끌리게 되고 그 이끌림이 성적인 충동에 이른다.

터무니없는 소리 같지만, 이미 세계적으로 다양한 사례가 나타났다. 어려서 헤어졌던 아버지와 딸이 20년 만에 만나 부적절한 '연인 관계'로 발전한 사건이 영국에서 보도되었다. 46세의 아버지 A와 26세의 딸 N은 한 웹사이트를 통해 재회한 뒤 불법적인 성관계를 갖다 경찰에 체포되었다. 처음엔 부녀지간인지 몰랐지만 알고 난 후에도 남녀로서의 사랑을 지속했다는 것 때문에 많은 사람이 충격을 받았다. 이들은 이미 몇 년 전에 같은 혐의로 체포되어 실형을 선고받았지만, 그 어느 것도 그들의 사랑을 말릴 수 없었다.

일본의 동명 만화가 원작인 영화 〈올드보이〉에서 주인공은 15년 동안 이유도 모른 채 감금당하다 풀려나 15년 전에 헤어졌던 딸을 만나게 된다. 딸인지 모르고 사랑에 빠지게 되나 복수를 위해 이 모든 걸 계획했던 인물을 통해 여자가 딸이란 사실을 알게 된다.

그때 주인공에게 던져지는 질문 하나.

"과연 알고서도 사랑할 수 있을까?"

여자가 자기 딸이란 사실을 알고 고통에 부들부들 떨며 복수를 위해 발버둥 치는 주인공. 결국 마지막에 최면술을 통해 자신의 기억을 지우려 한다. 딸이란 걸 알고서 관계를 지속하기는 너무 고통스러웠기 때문이다.

사례들 대부분이 근친이란 사실을 모르던 상태에서 강한 끌림을 느끼거나, 근친이란 사실을 알았다 해도 유전적 동질성 때문에 서로에게 강하게 끌려 사랑에 빠지고 선을 넘는다. 많은 사람에게 손가락질당하고 때로는 징역 같은 사회적 처벌을 받기도 하나 그럼에도 대부분 그 사랑을 포기하지 못한다. 하지만 이런 이론이 전혀 위로가 되지 않았다.

아내에게 깊은 사랑을 주지는 못했지만 성실한 남편이라 자부해왔고, 아직 어리지만 아들 녀석 입에서 '나도 커서 아빠처럼 될 거야.'란 말이 나올 때마다 뿌듯했다. 모든 것이 한 방에 무너졌다. 아랫입술을 어찌나 세게 물었는지 비릿한 피가 입안으로 흘러 들어왔다. 빈속에 피비린내가 견딜 수 없을 만큼 역겨워 또다시 구역질이 시작되었다.

역겨웠다. 무책임하게 생명을 싸지르고는 그 생명이 어디서 어떻게 자라며 어떤 고통 속에 있었는지도 모르고 있다가, 눈앞에 선 딸을 보고 덥석 안아 버린 나. 도대체 어떤 자비와 용서를 기대할 수 있을까.

문득 예주의 편지가 생각났다. 머리까지 이불을 뒤집어쓰고 다시 심연 속으로 침잠하려던 순간이었다. 서류봉투 속의 예진의 일기장과 친자확인 유전자 감식 결과를 보느라 읽고 있던 편지를 까맣게 잊고 있었다. 이렇게 누워 있을 때가 아니었다.

이불을 걷고 일어나려는데 머리가 핑그르르 돌았다. 휘청하며 주저앉았다. 이를 악물고 다시 일어났다. 바닥이 일어나고 천장이 쏟아져 내렸다. 링거로 겨우 최소한의 영양만을 공급받던 내 몸은 기력이 바닥나 몸을 가누기 힘들었다. 이대로 포기할 수는 없었다. 사력을 다해 몸을 일으켰다. 아직 오한이 완전히 가시지 않아 가을 점퍼를 꺼내 걸치고 헌팅캡을 눌러썼다.

잠겨 있던 서랍을 여니 구겨진 종이들과 어지럽게 흩어져 있던 종잇조각들이 눈에 들어왔다. 손을 더듬어 예주의 편지를 찾았다. 누런 크로키 북 위에 꾹꾹 눌러쓴 귀여운 글씨를 보자 마음이 놓였다. 이 넓은 세상에 나를 이해하고 있는 건 오직 이 동글동글한 글씨뿐인 것 같았다.

진작 그곳을 떠나와 멀리 떨어져 볼 수 있었더라면 많은 일들이 달라졌을 텐데.

후회는 안 해요. 매 순간 치열하게 살았으니까.

뭘 이리 빙빙 돌리고 돌리는지, 예주답지 않죠?

파리의 카페에 앉아 있는 나는 더 이상 서울의 예주가 아니라 파리의 카미유. 예주에게 지독한 고통을 안겨 주었던 일들이 지금 카미유에겐 이상하리만치 담담하게 받아들여진다면, 교수님이 어떤 심리학적 설명을 해 주실까요.

다음은 카미유가 전해 들은 홍예주의 이야기입니다.

***

홍예주란 인간은 열여섯 살에 죽었다. 더 이상 나 자신으로 살아갈 수도 없고, 살아가길 거부한다. 질질 짜고 싶진 않다. 쿨하게 한 방 먹여 주면 끝이다.

그날 학원까지 마치고 늦게 집에 돌아왔을 때, 엄마 대신 아빠가 문을 열고 맞아 주었다. 엄마는 잠깐 나갔다고 말하는 아빠의 얼굴이 유쾌해 보이지 않았다. 조금 무서워 보였다. 방에 들어가 옷을 갈아입고 있는데 방문이 벌컥 열렸다. 속옷 차림으로 서 있던 나는 짜증을 내며 "아빠, 노크도 없이 들어오면 어떡해?" 하고 소리를 질렀다. 아빠는 그대로 멈추지 않고 들어와 문을 닫았다.

"난 네 아빠가 아니야."

소름 끼치게 차가운 목소리. 겁에 질려 가슴을 가리고 서 있는 나에게 다가온 아빠는 나를 그대로 침대에 밀어 넘어뜨렸다.

"난 네 아빠가 아니야."

차가운 목소리로 중얼거리며 나를 겁탈하는 아빠에게 아무런 저항도 하지 못했다. 있는 힘껏 밀고 발로 찬다면 빠져나갈 수도 있었겠지만, '난 네 아빠가 아니야.'란 그 말에 최면이라도 걸린 듯 힘이 빠져 버렸다. 아빠는 무서운 표정으로 거칠고 빠르게 나를 짓뭉갰다. 아빠의 얼굴이 가까이 닿자, 술 냄새가 끼쳤다. 일을 마치고 바지를 끌어 올리던 아빠의 시선이 눈물을 흘리며 누워 있던 내 눈과 마주쳤다. 내가 훌쩍이며 기어들어 가는 목소리로 "아빠……." 하고 부르자, 아빠의 눈에 경멸의 빛이 서리더니 한마디 던지고 나가 버렸다.

"네 잘난 아빠는 도대체 어디 있는데? 너 이러고 있는 거 알기나 해?"

마지막 한 마디에 완전히 무너져 버렸다. 그 한 마디를 듣기 전에는 속으로 '이건 꿈이다, 현실이 아니다.' '뭔가 분명 착오가 있는 거다.' '아빠가 너무 취해서 잘못 보고 있는 거다.' 등 고통을 덜기 위해 계속 합리화했다. 마지막 일격에 내 속에는 하나의 질문이 화산의 마그마처럼 끓어 넘치기 시작했다.

'아빠란 인간은 도대체 어디 있는데?'

궁금함이나 호기심이 아니라, 분노에 찬 질문이었다. 내 모든 고통의 근원이 이름도 얼굴도 모르는 아빠라는 생각에 미친 것이다.

침대 위의 핏자국을 지우고, 샤워기에서 쏟아지는 뜨거운 물을 맞으며 쪼그리고 앉았다. 그 부분이 계속 아프고 아렸지만, 순결이나 처녀성을 잃었다는 사실은 실감 나지 않았다. 오히려 아빠를 잃었다는 사실이 더 아팠다. 갑자기 우주를 떠도는 고아가 된 기분이었다.

아무것도 달라진 건 없었다. 아빠는 그 후에도 평소와 다름없이 나를 대했고, 엄마에게 아빠가 친아빠 맞느냐고 지나가는 농담처럼 물어보았지만, 무슨 헛소리냐는 핀잔만 들었을 뿐 엄마는 굳게 다문 입술을 절대 열지 않았다. 엄마에게 의지하지 않고 친부에 대한 정보를 찾아 수집하기 시작했다. 그러다 엄마의 일기장을 발견했다.

엄마의 구구절절한 사랑 이야기에 짜증이 났다. 임신 사실을 알리지도 못하고 도망쳐서 내린 결론이 겨우 스무 살이나 많은 남자의 재취로 들어가는 것이었는지. 구질구질했다. 결국 내 인생마저 이렇게 망가뜨려 버리고. 엄마의 모든 것인 그 친아빠라는 인간의 삶을 무너뜨리고 고통 속에 빠뜨리고 말겠다는 결심을 했다.

아빠는 그 후로도 가끔, 술을 마신 날이면 엄마 몰래 내 방을 찾았다. 저항하지 않고 몸을 맡겼다. 문제를 일으켜 봐야 이득 될 게 없었다. 더 이상 아무도 내 편이 되어 나를 보호해 줄 사람이 없었다. 그까짓 순결 따위야 친구 중에도 이미 성경험 있는 애들은 넘쳐났다.

친부의 행방을 찾는 건 생각보다 쉬웠다. 그가 다녔다던 A 대학교 심리학과를 인터넷에서 검색하자 교수진 소개 페이지에 '이주한'

이란 이름이 눈에 들어왔다. 나이나 경력 등을 볼 때 엄마 일기장에 나왔던 그 '이주한'과 일치한다는 확신이 들었다.

컴퓨터 화면에 이주한 교수의 프로필 사진이 뜨는 순간 설명하기 어려운 묘한 기분이 들었다. 한 대 때리러 다가갔다가 그 선한 눈매와 온화한 미소에 긴장이 스르르 풀어져 그냥 돌아올 수밖에 없게 될 것 같은.

이주한 교수가 있는 A 대학교가 내 목표가 되었고, 이 교수가 물려준 좋은 머리 덕분인지 필요한 성적도 충분히 얻을 수 있었다. 엄마는 가짜 대학생이었지만, 난 진짜 대학생이 되어 이 교수에게 접근할 것이다. A 대학교 불문과에 합격한 후 이 교수에게 복수할 계획만 세웠다. 엄마가 가슴 절절히 사랑했던 남자의 인생을 기필코 내 손으로 망가뜨리고 말 것이다. 이주한을 고통의 구렁텅이에 빠뜨리는 것이야말로 엄마에게 할 수 있는 최고의 복수다. 늘 엄마에게 사랑받지 못해 상처받았던 아빠의 복수도, 아빠를 잃고 여자로서의 삶조차 짓밟힌 나의 복수도 반드시 하고 말 것이다.

1학년 동안 유혹을 다룬 많은 책을 읽었고, 이주한 교수의 취향과 단골 술집 등을 조사했다. 배우 지망생인 친구에게 연기도 부탁했다. 이주한 교수와 단둘이 있기 위해 상담도 요청했다.

엄마를 유혹해 임신시키고 차 버린 파렴치한 정도로 생각했는데, 이주한 교수는 생각보다 말끔하고 단정한 사람이었다. 그래도 계획은 바뀌지 않았다. 오히려 쉬울 것 같았다. 무미건조한 이 교수의 삶에 보일락 말락 한 작은 균열 하나 만드는 건.

계획했던 대로 이 교수는 유혹에 넘어왔다. 이 교수는 그저 나이 어린 내담자와 사랑에 빠져 직업윤리를 어기고, 부인에게 불륜의 죄를 저지르는 정도로만 생각하고 있겠지. 지상 최대의 죄악, 근친 상간을 치밀하게 계획하고 담담하게 실행해 갔다.

사실 담담했다는 것은 거짓말이다. 내 가슴안에도 작은 균열이 생겨 버렸다. 하지만 너무 늦었다. 불을 붙여 놓은 이 교수의 욕망을 꺼뜨리기엔. 이 교수의 두 팔이 내 허리를 와락 껴안는 순간 이젠 돌이킬 수 없는 강을 건넜구나 싶어 눈을 질끈 감았다.

한참의 시간이 흘렀다. 뒤통수로 뜨거운 기운이 느껴지고 등에서 흐느낌이 느껴졌다. 군데군데 살점이 찢긴 사자처럼 이 교수는 울부짖었다.

"미안하다, 예주야."

허리를 단단히 감은 이 교수의 팔은 나를 돌려 세우고 싶은 유혹과 필사적으로 싸우느라 부들거렸다.

복수극의 피날레.

이 교수가 아무리 필사적으로 버티고 있어도 내가 돌아서서 안기기만 하면 폭발 직전까지 팽창한 이 교수의 욕망은 견뎌 내지 못할 것이다. 장담컨대 사정하는 데 5분도 채 걸리지 않으리라.

그 순간 이 교수는 "도와줘! 예주야, 제발 도와줘."라고 부르짖었다. 온몸이 이미 눈물과 땀으로 흠뻑 젖어 있었다. 얼마나 많은 에너지를 소진했는지 단단하게 감겨 있던 이 교수의 팔에 점점 힘이 빠져갔다. 그는 금방이라도 숨이 넘어갈 것 같은 힘겨운 목소리로 내게 도와 달라고 절규했다. 목소리가 갈라져 듣기 괴롭고 내용도 두서없었지만, 죽을 힘을 다해 쏟아내고 있다는 걸 느낄 수 있었다.

내담자에게 사적인 감정을 품지 말아야 하는 걸 알면서도 상담 중에 사랑하는 감정과 그것을 넘어 육체적으로도 욕망을 품었다는 걸, 부끄럽지만 솔직하게 인정한다고 했다. 미안하다고, 용서해 달라고, 그리고 도와 달라고, 이대로 무너져 버릴 것만 같다고…… 너무 안고 싶고, 그 외의 자기 삶은 아무것도 아닌 것처럼 허무하게까지 느껴진다고, 나를 소중하게 여기고 사랑하므로 지켜 주고 싶다고, 지킬 수 있도록 도와 달라고…… 그렇게 그는 계속 부르짖었다.

충격이었다.

내 모든 걸 걸고 준비했던 이 복수극을 마무리하기 위해 내가 돌아서기만 하면 된다. 돌아서서 가슴과 가슴이 닿기만 하면 끝이라고 계속 되뇌었다. 이 교수가 안겨 준 충격이 단순히 놀람만 준 건 아니었는지, 주도면밀한 내 계획에 차질이 생겨 버렸다.

"의인은, 향나무처럼 그를 치는 도끼날에도 향을 묻힌다."

빨강과 파랑의 원색 설비 배관을 노골적으로 드러내고 있던 조르주 퐁피두 센터. 거대한 공장 같은 철골 트러스 속에서 뜻밖의 작품을 만났다. 조르주 루오의 〈미제레레(Miserere)〉* 연작 58편 중 46번째 작품.

* 시편 51편의 첫 구절 Miserere Mei Deus(주여 불쌍히 여기소서)

***

지난 5년간 복수만을 다짐하며 치밀하게 계획을 세웠는데, 결국 실패하고 말았어요. 인생의 단 하나의 계획이 사라진 지금 어디로 가야 할지, 무엇을 해야 할지 막막해요. 가끔, 아주 가끔…… 희망 같은 게 몸속에서 꿈틀거리며 머리를 쳐들려고 해요. 하지만 난 이 놈과는 단 한 번도 친하게 지낸 적이 없는데.

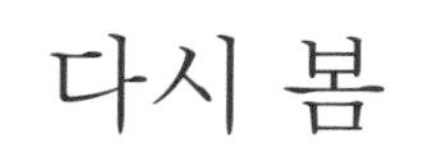

다시 봄

다시 봄이다.

오랫동안 납덩이같이 굳어 있던 내 마음이 꿈틀대기 시작했다. 학기가 막 시작된 학교 캠퍼스. 어쩐지 풋풋한 꽃향기를 흘리며 예진과 예주가 돌아다니고 있을 것만 같다. 예진과 예주 모두 3월에 나타났다가 6월에 내 곁을 떠났다. 봄에만 잠깐 나타났다 사라지는 아지랑이처럼. 그래서일까? 꽃향기를 맡으면 가슴이 설레고, 또 아프다.

예주가 던진 진실이란 폭탄은 내 삶을 송두리째 뒤집어 놓았다. 나 자신을 발기발기 찢고 싶었다. 뼈 마디마디에 미세한 균열이 생긴 듯 잘고 가는 통증이 끊임없이 나를 쑤셔댔다. 살가죽은 뜨거운 불에 지지기라도 한 듯 화끈거렸다. 머리통은 누군가 이기고 밟아 곤죽이 된 듯 생각이라는 제 기능을 할 수 없었다. 가느다란 빛줄기 하나 스며들지 못하게 커튼마저 꼭꼭 닫고 이불을 뒤집어쓴 채 그대로 소멸하고 싶었다. 완전한 소멸을 위해 가던 시간. 아들 예준이 들어와 눈물을 뚝뚝 흘리며, "아빠, 아프지 마." 하며 날 깨우지 않았다면, 정말 소멸했을지도 모른다. 아내는 아무것도 묻지 않았다.

여름 방학이 끝나기 전, 도저히 캠퍼스로 돌아갈 자신이 없어 안식년을 신청했다. 예준이 3학년이 되면 어학연수 겸 미국으로 가면 좋겠다고 기대해 왔던 아내는 그토록 기다리던 안식년을 급작스럽게 맞아, 무력한 남편을 속절없이 바라보며 보내야 했다. 몇 번을 물리는데도 정성스레 죽을 끓여 내는 아내 덕분에 조금씩 기력을 회복해 갔다. 거동이 편안해지고 현관 밖을 나갈 수 있게 되었을 때, 아내가 내민 명함에는 낯익은 이름이 적혀 있었다.

"의사들은 아파도 병원 잘 안 가고 약도 잘 안 먹는 거 알지만."

오랜만에 바라본 아내의 얼굴에는 눈가의 주름이 깊어져 있었다. 얼굴이 홀쭉하게 여위고 두 눈이 퀭했다.

인지치료나 행동치료 등 효과를 인정받는 다양한 치료 요법이 있는데도 굳이 정신분석만을 고집하는 선배라 그동안 그리 탐탁지 않게 여기고 있었다. 더구나 상담 치료 분야에서는 선후배들 사이에서 내가 제일 낫다고 여기고 있던 터라 씁쓸했다. 하지만 아내의 부탁을 거절할 수 있는 핑계가 떠오르지 않았다.

아내에 대한 의무감으로 마지못해 선배가 운영하는 정신분석 연구소의 문을 열었다. 상담실에 들어서자, 선배가 악수를 청했다. 키가 작고 몸집이 옆으로 딱 바라진 선배는 벗겨진 머리를 굳이 가리려고도 하지 않았다. 후배인 나에게, 더구나 아내에게서 나에 대해 무슨 말인가 분명 들었을 텐데, 선배는 다른 내담자들과 다를 것 없다는 태도로 일관했다.

일인용 소파에 앉으니 15도 정도 상체가 뒤로 젖혀져 눈살을 찌푸렸다.

"지금 이 자세가 마음에 안 들지 모르지만, 얼굴 마주 보고 얘기하는 것보단 편할 거야."

처음에는 내가 얼마나 성실한 남편이고 예준에게 다정하고 따뜻한 아빠인지 장황하게 늘어놓았다. 핵심으로 들어가지 못하고 변두리를 돌면서 기웃기웃 상담자를 탐색하는 내담자들의 패턴을 나 역시 그대로 따르고 있었다. '지금 이건 저항이야.' '내 감정을 왜 이 사람한테 투사하고 있지?' 등의 브레이크가 작동하기는 했지만 대체로 그런 생각마저 그대로 털어놓으려고 애썼다.

몇 번의 상담 끝에 망설이고 미루던 얘기, 예주가 친딸이란 사실을 털어놨다. 나로서는 엄청난 생의 비밀을 털어놓고는 상담자의 눈치를 살폈다. 상담자는 놀라는 기색이나 동요가 전혀 없이 내 얘기가 계속되기를 기다렸다. 도둑이 제 발 저리듯 아내에 대한 죄책감을 극대화해 떠벌렸다.

"뭘 그렇게 잘못한 건데?"

추궁도 비난도 아닌 담백하고 간결한 목소리였다.

사랑이냐 욕망이냐를 얘기하던 세훈의 모습도 떠올랐다. 그 순간 내가 예주를 사랑한다는 것이 내 존재만큼이나 분명한 사실로 여겨졌다. 그 사랑을 남녀 간의 사랑이냐, 부녀간의 사랑이냐로 구분하는 일 자체가 우습게 느껴졌다. 단 하나의 사랑이라도 같은 모습, 같은 성질의 사랑이 있던가.

지금 여기서 할 수 있는 최선이 도대체 뭘까. 상담 시간에 좀 더 진지하게 되었고, 머릿속에 떠돌고 있는 생각을 상담자에게 꺼내놓자, 그 생각들이 실체가 되어 생명력을 얻고 그것을 외부에서 바라볼 수 있는 객관적인 눈이 생겼다.

"'당신이 가장 두려워하는 것을 찾아라. 진정한 성장은 그 순간부터 시작된다.' 이미 알겠지만 융(K. Jung)이 한 말이야."

상담을 마치고 돌아와 집으로 들어서는데, 아내는 여전히 인사 한마디 제대로 건네지 못하고 들어오는 나를 맥없이 바라만 보았다. 어디서 용기가 났는지 아내의 손을 잡았다. 아내의 손은 막 설거지를 마쳤는지 축축했고 무언가 중요한 게 빠져나간 듯 앙상한 느낌을 주었다. 침대에 나란히 앉았다. 입을 열려니 눈앞이 캄캄했다.

"여보, 당신 만나 지금까지 일이나 가정이나 어디 내놔도 번듯하다 자부하면서, 평온하고 순탄하게 살아왔어. 그런데 어느 날……."

손에서 땀이 나기 시작했지만, 아내의 손을 꼭 쥐었다. 그 손을 놓치고는 결국 입을 열 수 없을 것만 같았다. 예주가 불쑥 내 연구실에 찾아왔던 날부터 이야기하기 시작했다. 아내의 축축한 손가락이 꿈틀했다. 이야기가 이어지자, 아내의 손이 파르르 떨렸다. 빼내려는 아내의 손을 더욱 꼭 쥐었다. 아내의 손을 쥔 손에 힘을 더 주며 말을 이었다. 내가 한동안 말을 잇지 못하고 망설이자, 아내의 손이 뜨거워졌다. 아내의 떨림이 고스란히 느껴지자, 자리를 박차고 달아나고 싶은 생각이 간절했다. 감당할 수 없는 일이 벌어질 것 같은 공포가 엄습했다. 손에 힘을 더 주었다. 이 침묵이 더 길어지다간 아내의 손가락이 부러질 것만 같았다.

"그 예주라는 아이가……"

마른침을 모아 삼켰다. 순간 가슴 속에 누르고 눌러 놓았던 무언가가 용수철 튕기듯 터져 나왔다. 설움인지 자괴감인지 정체를 알 수 없는 감정의 뭉치가 '툭' 하고 바닥에 떨어졌다. 얼마의 시간이 흐른 건지, 흐느낌이 좀 잦아들자 그제야 아내가 내 어깨를 꼭 감싸 안고 있었음을 깨달았다. 아내도 울었는지 한쪽 어깨가 축축하고 뜨뜻했다.

금요일 오후 4시.

어김없이 연구실에서 예주를 기다렸다. 오늘도 예주는 그림자도 보이지 않았다. 자리에 없는 예주와 대화를 나눴다. 그동안 돌보지 않았던 내 그림자를 물끄러미 들여다보기도 하고, 그림자에게 말을 걸어 보기도 했다.

5시 15분. 연구실 밖으로 나오는데, 유난히 꽃향기가 짙었다. 오전에 한 차례 내린 비로 먼지가 씻겨 내려간 나무와 꽃들이 말간 얼굴을 드러냈다. 무심코 걷다 보니 강당으로 가는 입구가 멀리 보였다. 문득 2주 전에 받았던 사이코드라마 공연 초대장이 생각나 발걸음을 옮겼다.

"관객 중에 나와는 정말 다를 것 같지만, 알아보고 싶은 사람을 한 명씩 찾아서 무대로 데리고 와 주세요."

연출자의 요청에 이미 무대에 올라와 있던 다섯 명의 관객이 두리번두리번하며 무대에서 내려와 관객석을 돌아다녔다. 그중 신입생으로 보이는 짧은 단발머리에 얼굴이 동그란 여학생 하나가 내 앞으로 다가왔다. 그 여학생은 나와 눈이 마주치자, 씩 웃더니 내

소맷자락을 잡아당겼다. 무대라니, 그것도 지금 같은 상황에. 여학생의 시선을 외면하며 나가지 않고 버티려 했지만, 마지못해 일어나 무대 위로 올라갔다.

연출자는 무대에 올라온 잠정적 프로타들의 눈을 가렸다. 자기 짝이 말로 안내하는 대로 믿고 걸어 보라고 했다. 신뢰감과 자발성을 높이는 '믿고 걷기(Trust walk)'다. 한참을 어둠 속에 파묻혀 살았기 때문인지, 눈을 가리고도 별로 두렵지 않았다. 덕분에 '믿고 걷기' 과제에서 가장 좋은 성적을 낸 커플이 되어 무대에 남게 되었다. 마지막까지 남게 되었단 사실이 좀 어이없었지만, 설마 1년에 한 번 하는 공연에서 자기 과 교수를 주인공으로 삼는 우스꽝스러운 연출을 하진 않겠지, 하는 생각에 무대를 내려가기만 잠잠히 기다렸다.

"이 무대 가운데는 지금 아주 멋진 가게가 준비되어 있습니다. 이 가게 선반에는 여러분이 원하는 모든 종류의 귀중한 속성들이 진열되어 있습니다. 보이시나요?"

연출자의 말에 관객석에서 몇 명이 수군대는 소리가 들렸다.

"당연히 안 보이죠. 사랑이나 지혜, 성공 같은 게 눈에 보일 리가 없죠. 무대에 앉아 계신 두 분의 손님 중 왼쪽에 앉으신 손님, 저희 마술 가게에서 어떤 속성을 사고 싶으신가요?"

사이코드라마 연출자가 '마술 가게(Magic shop)' 기법을 연출하고 있었다. 극의 분위기를 망치지 않으면서 프로타로 뽑히지 않고 내려갈 궁리를 하고 있는데, 내 입술이 제 멋대로 움직였다.

"용기."

입술을 깨물었지만, 이미 답은 내 입술을 떠났다.

"지금 용기라고 하셨죠? 구체적으로 어떤 용기를 사고 싶으신 거죠?"

연출자는 기어들어 가는 내 목소리를 용케 알아듣고 다시 질문했다.

"용서를 빌 수 있는 용기, 사랑할 수 있는 용기……."

하지 않아도 좋을, 아니 평소 나라면 절대 할 수 없는 말들을 해 버렸다.

"용서를 빌 수 있고 사랑도 할 수 있는 용기라면 좀 비쌀 것 같은데. 그럼 손님은 이 용기를 사는 대가로 뭘 내놓으실 건가요? 저희 마술 가게는 돈 대신 물물교환만 가능하거든요."

"내 마음속의 어둠들. 죽음, 자포자기, 자괴감 그리고 자존심."

"용기가 좀 비싸긴 하지만, 정말 그것들을 다 포기하실 수 있겠어요? 그럼, 우리 한번 시험적으로 사용해 볼까요? 이제 손님은 용서를 빌 수도 있고, 사랑을 할 수도 있는 용기를 사셨습니다. 이제 손님 안에는 어둠이 없어요. 죽음도 자포자기도 자괴감도 그리고 자존심까지도."

연출자는 무대 가운데 빈 의자를 하나 세워 두고 '빈 의자 기법'을 시도했다.

"용서를 빌고 싶은 상대가 지금 이 의자에 앉아 있습니다. 이제 손님은 용기가 생겼으니 말을 걸어 보세요."

도대체 어쩌자고 여기에 올라온 걸까. 관객들이 모두 나만 바라보는지 조용했다. 내가 답을 하지 않자 관객석에서 웅성거림이 일었고, 연출을 맡은 학생의 얼굴이 벌겋게 달아올랐다. 애가 타는 눈빛으로 나를 바라보았다.

"미안하다. 아프고 힘들 때 함께 있어 주지 못해서."

얼른 한마디 하고 내려가자는 생각으로 입을 뗀 순간, 정말 빈 의자에 예주가 앉아 있는 듯 눈물이 흐르고 말았다.

"방금 마술 가게에서 산 용기를 가지고 용서를 비셨는데, 어떤 분에게 하신 말인지 여쭤 봐도 될까요?"

호기심과 당황스러움이 버무려진 야릇한 표정으로 연출자가 다가와 물었다. 바로 대답하지 못하고 머뭇거리며 고개를 들었다. 관객들의 진지한 눈빛이 나를 향해 쏟아지고 있었다. 눈을 질끈 감았다.

"내 딸."

그 순간 관객석에서 웃음소리가 들렸다.

"후훗."

잘못 들은 걸까. 눈을 번쩍 뜨고 두리번거렸지만, 무대 위로 쏟아지는 조명 때문에 관객의 얼굴을 분간하기 힘들었다. 연출자는 내 부분을 허둥지둥 마무리하고, 무대 위에 마지막 남은 관객 하나를 프로타로 지명해 본극을 시작했다. 슬그머니 강당을 빠져나가며 관객석을 둘러보았다. 분명 잘못 들었을 텐데도 시선은 필사적으로 웃음의 주인공을 찾고 있었다.

"이 교수님 아들 하나 있다 그러지 않았나?"

우리 과 학생일 것으로 짐작되는 여학생의 소곤거리는 소리가 뒤통수를 따라왔다. 강당을 빠져나와 뛰다시피 걸었다. 봄인데도 한기가 들었다. 겨울의 끝에서 새봄이 조심스레 고개를 내밀고 있다. 오랜 세월 드리웠던 한기가 비로소 몸에서 빠져나가고 있음을 아프게 느꼈다.

그렇다.

다시 봄이다.

연구실로 돌아와 열쇠를 꽂는데 헛돌았다. 또 잠그는 걸 잊고 나간 모양이었다. 문을 열고 컴컴한 연구실 스위치를 켰다. 그대로 주저앉을 뻔했다.

창밖을 바라보며 서 있던 검은 실루엣이

천천히

얼굴을 돌렸다.■

작가의 말

소설가가 되기 위해 먼 길을 돌아왔습니다. 제게 소설가란 거짓말을 잘하는 사람입니다. 소설이란 진실을 말하기 위한 거짓말이니까요.

고등학교 때 무대에서 클리템네스트라 역을 연기한 적이 있습니다. 선혈이 낭자한 장면을 보여 주고 싶던 저는 큰맘 먹고 진짜 소의 피를 준비했습니다. 스포트라이트를 받으며 아가멤논을 칼로 찌를 때, 피가 담긴 봉지를 움켜쥐고 뜯었습니다. 사방으로 붉은 피가 튀기를 기대했지만, 검붉은 선지만이 젤리처럼 말캉하게 손에 잡혔습니다. 진짜 피 대신 붉은 물감을 썼더라면 더 진짜 같은 효과를 낼 수 있었을 텐데. 그날의 해프닝 덕분에 미래의 작가로서 절대 잊지 않아야 할 교훈을 배웠습니다. 진실을 전하기 위해 때로는 '사실'이 방해가 되고, 오히려 '거짓'이 필요하다는 것을.

사이코드라마 역시 소설과 비슷합니다. '마치 ~인 것처럼' 연기할 뿐이지만, 그 무대에서 진짜 나 자신을 만날 수 있습니다. 자신도 알아채지 못했던 자기 내면을 마주하고, 깊은 통찰을 얻기도 합니다.

이 소설을 쓰는 내내 머릿속에는 세 가지 단어가 있었습니다.

상담, 유혹 그리고 복수.

〈상담〉

예주처럼 의도나 계획이 있던 건 아니었지만, 학부 때 교수님의 연구실을 찾아가 다짜고짜 상담해 달라고 조른 일이 있습니다. 생의 비밀을 누군가에게 털어놓을 수 있다는 사실과 아무리 놀라운 이야기를 해도 놀라지 않는 상담자의 평온함이 신기했습니다. 상담자의 머릿속에 들어가 보고 싶다는 단순한 호기심이 주한을 화자로 만들었습니다.

〈유혹〉

한 유명 여배우가 가장 감명 깊게 읽은 책으로 『유혹의 기술』을 꼽았는데, 하필 그 책이 6백 페이지가 넘는 벽돌 책이어서 인상에 남았습니다. 그 책을 탐독한 뒤 권력과 거리가 먼 제가 권력술의 대가인 로버트 그린의 팬이 되었습니다. 소설을 쓸 때 좋은 점 중 하나는 내가 잘 못하는 일을 아주 잘하는 캐릭터를 만들 수 있다는 점입니다.

〈복수〉

법의 처벌에 맡기지 않고 개인적으로 시원하게 복수하는 내용의 영화나 드라마가 인기입니다. 예주가 복수에 성공해 주한이 자살하는 것으로 결말을 내려고 했었습니다. 소설을 쓰던 중 조르주 루오의 연작 〈미제레레〉 중 46번째 작품을 만났습니다. 그림 밑에 루오가 친필로 쓴 문장을 보고, 예주가 진심으로 바란 결말이 어떤 건지 깨달을 수 있었습니다.

"의인은, 향나무처럼 그를 치는 도끼날에도 향을 묻힌다."

오래전 쓴 이 원고의 첫 번째 독자이자, 도끼질하는 아내의 향나무가 되어 주는 남편에게 고맙다는 말을 전하고 싶습니다. 심리학도인 저의 첫 소설을 심리학 전문 출판사인 학지사를 통해 출간할 수 있어 매우 기쁩니다. 심리학과 문학이 교차하는 이 작품을 함께 만들어 주신 학지사에 깊은 감사를 드립니다. 학부생이었던 저를 상담해 주시고, 추천의 말을 흔쾌히 써 주신 권석만 교수님께 깊이 감사드립니다. 그 상담 경험이 없었다면 이 소설은 탄생하지 못했을 것입니다.

해를 직접 보면 눈이 상합니다. 비밀도 비슷합니다. 허구라는 필터를 빌려 비밀을 나누었습니다. 비밀을 털어놓은 사이는 더 이상 둘이 아니고 하나겠죠. 내면의 상처로 홀로 괴로워하는 수많은 '예주'에게 이 비밀 교환이 작은 희망의 씨앗이 되기를 바랍니다.

2025년을 맞이하며

윤소희

저자 소개

윤소희

2024년 단편소설『지금, 정상』으로 소설가 등단. 2017년『세상의 중심보다 네 삶의 주인이길 원해』를 출간하며 에세이 작가로 활동. 저서로『세상에 하나뿐인 북 매칭』『산만한 그녀의 색깔 있는 독서』『여백을 채우는 사랑』등이 있다.
서울대학교에서 심리학을, 시카고대학교에서 경영학을 공부했다. KBS 아나운서, Bain & Company 컨설턴트 등 독특한 이력을 바탕으로 다양한 장르의 글을 쓴다.

사이코드라마

2025년　2월　20일　1판　1쇄　인쇄
2025년　2월　28일　1판　1쇄　발행

지은이 • 윤소희
펴낸이 • 김진환
펴낸곳 • ㈜ 학지사
04031 서울특별시 마포구 양화로 15길 20 마인드월드빌딩
대표전화 • 02-330-5114　　팩스 • 02-324-2345
등록번호 • 제313-2006-000265호

홈페이지 • http://www.hakjisa.co.kr
인스타그램 • https://www.instagram.com/hakjisabook

ISBN 978-89-997-3329-1　03180

정가 14,000원